MŒURS ET COUTUMES

DES FRANÇAIS

DANS LES DIFFÉRENTS TEMPS DE LA MONARCHIE

PAR L'ABBÉ LEGENDRE

CHANOINE DE L'ÉGLISE DE PARIS

PRÉCÉDÉ DES

MŒURS DES ANCIENS GERMAINS

Traduit du latin de Tacite

—

NOUVELLE ÉDITION

TOURS

AD MAME ET Cie, IMPRIMEURS - LIBRAIRES

—

1851

BIBLIOTHÈQUE

DES

ÉCOLES CHRÉTIENNES

APPROUVÉE

PAR Mᵍʳ L'ÉVÊQUE DE NEVERS

Lobini del.   Pardinel sc.

Je te fais chevalier, au nom du Père du Fils
et du Saint-Esprit.

Mœurs et Coutumes

DES FRANÇAIS

PAR

l'abbé Legendre

P. 65.

Roi Mérovingien élevé sur le pavois.

Lebin del.

Pardinel sc.

TOURS

A.d Mame & Cie

Éditeurs.

PRÉFACE

Contenant quelques remarques relatives aux usages anciens et modernes
des Germains, des Gaulois et des Français.

Quelle que soit l'origine des Français, qu'il ne s'agit
point de discuter ici ; quelque système qu'on embrasse,
on ne peut méconnaître dans les mœurs des premiers
temps de la monarchie beaucoup de points de conformité
avec celles des anciens Germains, dont Tacite nous a
laissé le tableau. Aussi, en réimprimant les *Mœurs des
Français*, a-t-on cru devoir y joindre les *Mœurs des
Germains*, décrites avec tant d'énergie par Tacite.

C'est en rapprochant de cette manière les idées que les
historiens nous donnent des anciens peuples de l'Europe,
dont tous les habitants actuels sont les successeurs plus
ou moins éloignés ; c'est en rassemblant tous les traits qui
servent à les caractériser et en les confrontant avec les
modernes, qu'on peut reconnaître l'analogie ou la différence de ces peuples.

Avant que la domination romaine fût établie dans les
Gaules, les Gaulois et les Germains différaient peu pour
la façon de vivre. De vastes forêts couvraient également

1

leur pays ; on y trouvait fort peu de villes et seulement quelques villages ; la chasse et la guerre partageaient tout leur temps. C'étaient des incursions perpétuelles, et souvent des émigrations d'une partie de la nation dans des pays fort éloignés du sien. Beaucoup de petits souverains, qu'on doit plutôt considérer comme des chefs de parti, divisaient en peuplades ce grand peuple, qui n'avait presque aucune relation au dehors.

La guerre que César fit dans les Gaules apporta de grands changements à cette manière de vivre. En prenant possession de leurs conquêtes, les Romains introduisirent de nouveaux usages, et les Gaulois se civilisèrent bien plus en deux cents ans de commerce avec leurs vainqueurs, qu'ils n'avaient fait pendant tout le temps qui avait précédé cette révolution. L'abbé Le Gendre parle des Français de la Gaule qui chassèrent les Romains de la Gaule ; il décrit aussi les usages qu'ils laissèrent après eux et qui subsistèrent même après qu'ils eurent abandonné le pays. Ces époques sont voisines de celles que nous peint Tacite. Cet historien écrivait sous les empereurs, et alors les armées romaines n'ayant pas encore pénétré bien avant dans la Germanie, elle avait conservé jusque-là ses premières habitudes. C'est donc en comparant l'état naturel des Germains, vivant encore sous leurs tentes, avec les premiers temps de notre monarchie, que le lecteur pourra mieux voir la gradation qui a conduit les Français à certains usages qui subsistent encore parmi nous. Ensuite, en rapprochant quelques-unes de nos coutumes actuelles, et en les comparant avec les mœurs simples des Gaulois ou avec celles de l'ancienne Germanie, le tableau s'enrichira de plusieurs traits aussi curieux qu'intéressants.

La guerre était la principale occupation des Germains et des Gaulois ; il n'y avait donc qu'un peuple guerrier qui pût se poser parmi eux. Tels étaient les Francs qui s'y établirent, et dont nous sommes en partie la postérité. Ainsi c'est aux exercices de la vie militaire ou de la chasse que se rapportént les principaux usages qui nous sont communs avec ces deux peuples.

Les anciens habitants de la Germanie avaient un tempérament robuste et une taille proportionnée à leur force ; une éducation dure les préparait de bonne heure aux fatigues de la guerre et de la chasse ; les Gaulois étaient élevés pour les mêmes travaux. Aujourd'hui ce n'est pas la force du corps qui caractérise communément notre nation ; mais si nous ne sommes pas plus vigoureux, devons-nous en rejeter la faute sur notre climat ? Une éducation moins délicate nous procurerait des forces égales à notre courage. On semble croire parmi nous que la force du corps n'est plus une qualité militaire ; on convient qu'il fallait nécessairement autrefois être robuste, lorsqu'un casque et une cuirasse de fer étaient l'habillement ordinaire des guerriers ; lorsqu'on portait des armes si pesantes, que nous ne pourrions plus y tenir. Aujourd'hui, dit-on, il ne faut que de la valeur ; avec cette seule qualité on est sûr de vaincre. Il est vrai que dans une action, dans une bataille, la supériorité du courage peut assurer la victoire ; mais, à la guerre, n'y a-t-il que des combats ? Combien de fatigues n'a-t-on pas à essuyer continuellement ! La valeur suffit-elle pour résister à des marches longues et pénibles, quand il s'agit de passer plusieurs jours et plusieurs nuits sous les armes, quand il faut se frayer une route à travers des lieux presque inaccessibles ? Un écrivain qui dit éloquemment des vérités fortes fait cette objection aux Français : « Comme les « Carthaginois, vous eussiez été vainqueurs à Trébie, à « Cannes, à Trasimène ; mais vous n'eussiez point franchi « les Alpes. » Les fatigues font plus périr de nos troupes que le fer des ennemis. Quelle impression ne fait pas sur nous le seul changement de climat ! Nous n'en avons que trop fait l'épreuve dans toutes nos guerres en Italie.

Il est donc plus important qu'on ne pense de se fortifier le corps de bonne heure et de l'endurcir par le travail. Il

n'est pas douteux que les exercices auxquels on façonne
notre jeunesse pourraient nous former des corps robustes,
si l'on n'y cherchait moins à se procurer des avantages
solides qu'à se donner des grâces et des agréments.

Les Français ont conservé beaucoup de rapports avec
les Germains ; mais c'est à l'endroit de l'inconstance. Ces
peuples, au dire de Tacite, étaient incapables d'un long
travail, et n'avaient que le premier feu ; c'est aussi le
reproche qu'on nous fait avec assez de fondement. Nous
sommes terribles au début d'un combat ; il faut que nous
ravissions la victoire ; car, si nous la disputons longtemps, nous courons risque de la perdre. Il y a cependant
eu des occasions où nous avons fait voir autant de fermeté
que de valeur ; on nous a vus essuyer tranquillement le
feu des ennemis, attendre le moment favorable pour attaquer, et après plusieurs actions meurtrières, revenir à la
charge avec plus d'ardeur que jamais. Mais, quoique ces
sortes d'exemples ne soient pas rares chez nous, il faut
convenir que le caractère distinctif de notre valeur est
l'impétuosité du premier choc.

Le faste qui règne aujourd'hui parmi nos troupes présente un tableau bien différent de la simplicité guerrière,
conservée avec tant de soin chez les Germains et les Gaulois. Ils ne dépensaient rien en parures ; tout leur luxe
consistait à peindre leurs boucliers avec quelque couleur
éclatante. Malgré l'obligation qu'on impose aux officiers
de ne paraître qu'avec l'habit de leur régiment, surtout
en temps de guerre, quels riches vêtements ne portent-ils
pas quelquefois sous un modeste uniforme ? C'est en vain
que nos rois ont fait de sages règlements pour réprimer le
luxe militaire : on y étale une magnificence, un goût de
somptuosité très-préjudiciables à la discipline et à la
promptitude des opérations. Tous les jours les officiers se
plaignent qu'ils se ruinent au service ; mais n'est-ce pas à
eux-mêmes qu'ils doivent s'en prendre ? Leur paye suffi-
rait à leurs besoins, si les tentations et les superfluités ne

multipliaient mal à propos leurs dépenses. La simplicité qui régnait dans les vêtements des Germains faisait aussi le caractère distinctif du reste de la nation ; si le défaut contraire a gagné les cours et les armées en Allemagne, du moins le gros de la nation paraît encore retenir de ce côté-là bien des usages venant de ses ancêtres.

Les Germains n'osaient paraître en public sans avoir leurs armes ; ils ne les quittaient pas même dans leurs maisons, ou plutôt sous leurs cabanes ; mais ils ne pouvaient les porter que quand ils étaient parvenus à l'âge viril ; et ils ne commençaient jamais à les prendre que de l'agrément du chef de leur canton. C'était un des principaux de la nation ou un des plus proches parents du novice guerrier qui lui donnait publiquement ses premières armes ; et c'est vraisemblablement de cette ancienne coutume qu'est dérivé l'établissement de la chevalerie en France, ou la cérémonie de l'accolade. On ne recevait pas indistinctement, chez nous, toutes sortes de personnes dans l'ordre des chevaliers ; c'était la plus haute dignité où pût aspirer un militaire ; il fallait être d'une illustre extraction pour parvenir à cet honneur. La chevalerie avait des lois auxquelles les princes et les rois eux-mêmes se soumettaient sans répugnance.

On ne montait aux grades militaires chez les Germains, qu'après avoir donné des preuves de valeur ; les soldats se disputaient à qui occuperait le premier rang et combattrait le plus près du prince ; c'était une honte pour le chef de la nation de n'être pas le premier à charger l'ennemi, et un déshonneur pour les soldats de ne pas seconder le courage de leur commandant. La principale force de leurs armées consistait dans l'infanterie, dont les mouvements égalaient presque en rapidité ceux de la cavalerie. Lorsqu'il n'y avait point de guerre chez eux, la noblesse allait chercher ailleurs l'occasion de se signaler. Ils étaient obligés de prendre ce parti ; car un peuple qui négligeait la culture des terres ne pouvait se soutenir que par le

brigandage. Les Germains abandonnaient le soin de l'agriculture aux femmes, aux vieillards et aux infirmes ; en
temps de paix, la jeunesse passait ses jours dans l'inac-
tion. « C'est une chose tout à fait surprenante, dit Tacite,
« que ces mêmes hommes qui ne peuvent vivre en repos
« aiment tant l'oisiveté. » On voit ici plusieurs traits qui
peuvent convenir aux anciens habitants de la France.

C'était la bravoure, et non l'argent, qui faisait anciennement parvenir aux premiers emplois de l'armée. On
n'achetait point l'honneur de se sacrifier pour la patrie ;
mais la soif du pillage mettait les armes à la main de la
plupart des soldats ; car tout le butin qu'ils faisaient était
pour eux : on sait ce qui arriva au sujet du vase de Soissons. On suit aujourd'hui le parti des armes par des motifs
plus nobles : l'honneur, l'amour de la gloire, le service
de l'État et celui du prince, font encore des héros parmi
les Français ; mais l'oisiveté de la noblesse en temps de
paix n'a que trop de conformité avec celle des Germains.

Un autre trait de ressemblance qui se trouve entre nous
et les anciens Germains, c'est que les guerres générales
de la nation n'empêchaient point les combats particuliers.
Chez eux, chacun prenait parti et s'engageait dans les
querelles selon les liaisons des familles ; mais les haines
n'étaient pas immortelles : les torts mêmes et les injures
se réparaient par des amendes. Convenons, à la honte de
nos mœurs, que nous poussons quelquefois· plus loin la
vengeance ; mais aussi félicitons notre siècle de s'être
bien corrigé de la folie des duels.

Tacite rapporte que les femmes de la Germanie suivaient leurs maris à la guerre. Il ne dit pas s'il entrait
dans cette pratique, qui a été aussi celle des premiers
Gaulois, d'autre raison que l'usage ; mais aujourd'hui nos
dames françaises, infiniment plus délicates, ne suppor-
teraient pas le plus court voyage, et nos mœurs sur ce
point ne sauraient souffrir la moindre comparaison avec
celles de ces peuples. D'ailleurs une meilleure discipline a

banni presque partout des armées cet attirail si contraire
au bon ordre et aux opérations de la guerre. Cependant,
sans que les femmes s'en mêlent, malgré les règlements
les plus sévères, malgré les lois les plus sages, la mollesse
semble s'introduire de plus en plus dans nos armées ; un
officier riche ne pense qu'à se procurer au milieu d'un
camp toutes les commodités et tous les plaisirs de la vie
oisive. Bonne table, excellents vins, domestiques nom-
breux et magnifiques équipages, aucune recherche ne lui
manque. On n'y est pas même privé de spectacles, et l'on
a vu dans les guerres de Flandre, à la suite de nos
armées, des troupes de comédiens et de courtisanes. Cette
condescendance des commandants est pourtant bien dan-
gereuse, puisque c'est par là que les peuples les plus belliqueux ont insensiblement dégénéré de leur valeur et se
sont abâtardis. Les délices de Capoue ruinèrent l'armée
d'Annibal ; et les Carthaginois, après tant de victoires
éclatantes, furent ensevelis sous les ruines de leur république. L'histoire est remplie de pareils exemples, qui
doivent faire trembler les nations les plus distinguées par
leur courage. Dans la guerre qu'Alexandre fit à Darius,
le roi de Perse lève des troupes innombrables et marche
à leur tête avec son harem ; les femmes dans cette armée
égalaient presque le nombre des combattants. L'armée
macédonienne, qui ne faisait qu'une poignée d'hommes
en comparaison de celle des Perses, n'était composée que
de soldats, et Alexandre fut vainqueur. Tant que les Romains vécurent dans la pauvreté, rien ne put résister à
leurs armes. Le luxe, la mollesse, le goût des plaisirs
s'introduisent chez ces fiers conquérants ; ils sont assu-
jettis à leur tour, et l'univers est vengé.

> . . . . *Sævior armis*
> *Luxuria incubuit, victumque ulciscitur orbem.*

Les Germains faisaient peu de cas des richesses, et leur
pauvreté fit leur force. On sait bien qu'il ne faut pas tou-

jours regarder comme une vertu le mépris que certains
peuples barbares ou sauvages ont pour l'or et l'argent ;
telle nation n'est souvent bornée aux seuls besoins de la
vie que parce que son indigence lui laisse ignorer ce qui
peut en faire les douceurs. Heureuse ignorance, qui produit les mêmes effets que la vertu ! car enfin il faut convenir que l'amour excessif des richesses est très-préju-
diciable aux mœurs. L'indifférence des Germains pour l'or
et l'argent, et en général pour les richesses, fait dire à
Tacite qu'ils avaient une bonne foi et une fidélité à toute
épreuve dans leurs affaires. La candeur, que ce judicieux
historien met à si haut prix, est très-rare en effet chez
les peuples qui aiment trop le faste, la magnificence, la
bonne chère et les amusements de tout genre, parce qu'ils
emploient toute leur industrie à se procurer ces biens fac-
tices, dont la privation les rendrait malheureux. Or, pour
parvenir à ce but, on a toujours recours aux moyens les
plus prompts et les plus faciles, sans s'inquiéter de savoir
s'ils sont légitimes ou non. C'est pour cela qu'on voit
aujourd'hui tant d'artifices ouverts ou cachés, tant de
fraudes, de parjures et de mauvaise foi.

L'article du luxe nous conduit naturellement à ce qui
regarde les femmes. Le sexe était en grande considération
chez les Germains. On dit que des armées entières, près
d'être défaites, furent soutenues par les femmes, qui
venaient se présenter aux coups et à une captivité certaine ; ce que leurs maris appréhendaient encore plus
pour elles que pour eux-mêmes. Lorsqu'il s'agissait de
recevoir des otages, les Germains demandaient surtout
des filles de familles distinguées, et les regardaient comme
le plus sûr garant des conventions. Ils croyaient même
que le sexe avait quelque chose de divin, et ses avis ou
ses conseils étaient écoutés. Il y eut même plusieurs
femmes regardées par ces peuples comme des divinités
ou des prophétesses, et cela d'après une véritable conviction, et non par flatterie.

Mais, malgré l'extrême respect qu'ils avaient généralement pour le sexe, ils punissaient sévèrement les femmes
qu'ils surprenaient en adultère. On commençait par leur
raser la tête, on les dépouillait ensuite en présence de
leur famille, et on les conduisait par tout le pays à coups
de bâton.

Les Germains, dans toutes les actions et les circonstances de la vie civile, marquaient le même goût pour
la modestie et les bonnes mœurs. Il n'était pas permis aux
jeunes gens de communiquer de trop bonne heure ensemble. On ne mariait les filles que dans la force de l'âge,
pour qu'elles fussent plus en état de supporter les travaux,
les peines et les fatigues du ménage. Quant au mariage,
les Germains, dans le choix d'une épouse, ne suivaient
que les penchants de leur cœur, et les femmes n'apportaient point de dot à leurs époux. Nous ne savons pas si
les Gaulois étaient aussi désintéressés ; mais parmi nous,
c'est presque toujours l'intérêt qui préside aux mariages.
On associe la plupart du temps deux personnes, parce
qu'il existe entre elles égalité de biens et de naissance ;
mais la figure, le caractère, l'esprit, sont comptés à peu
près pour rien.

Du temps de Tacite, les Germains étaient plongés dans
les ténèbres de l'idolâtrie ; ils adoraient principalement
Mercure, et dans certains sacrifices ils immolaient des victimes humaines. Ces peuples avaient aussi une grande foi
aux augures, et n'entreprenaient rien sans avoir consulté
le vol des oiseaux ou le hennissement des chevaux. Lorsqu'il s'agissait de faire la guerre, un de leurs soldats se
battait contre un des prisonniers ennemis, et par ce
combat particulier on jugeait du succès de l'entreprise.

Les prêtres avaient beaucoup d'autorité chez les Gaulois,
ainsi que chez leurs voisins; on trouve parmi les premiers
à peu près les mêmes dieux, et quelques-unes des cérémonies religieuses qui s'observaient chez les Germains. Le
christianisme abolit entièrement ce faux culte et les autres

1 *

restes du paganisme. Il fit surtout d'heureux progrès sous nos premiers rois; mais les peuples, quoique chrétiens, conservèrent longtemps des restes de leur ancienne barbarie. Clovis lui-même laisse échapper de temps en temps des traits de cruauté qui font frémir. Si les Français ne consultaient plus, comme autrefois, les devins et les entrailles des animaux, il régnait encore parmi eux beaucoup de superstitions absurdes. Telles sont les preuves prétendues juridiques qui se faisaient par le fer, par le feu, par l'eau, par le duel.

Les Germains, dans les assemblées générales de la nation, étaient accroupis par terre, ayant leurs genoux près de leurs oreilles; quelquefois ils étaient couchés sur le dos ou sur le ventre, et dans ces bizarres postures ils réglaient les affaires d'État avec autant de gravité que les sénateurs romains. Les sauvages de l'Amérique et ceux de l'Afrique tiennent leurs assemblées dans les mêmes postures, qui paraissent avoir été habituelles à toutes les nations, dans les premiers temps où elles se sont rassemblées en société après la dispersion générale. Les phases de la lune réglaient les temps des assemblées ordinaires; elles se tenaient communément à la pleine lune, et quelquefois à la nouvelle. Les affaires de peu d'importance étaient décidées sommairement par les principaux du pays; mais il fallait le concours de toute la nation pour celles qui étaient plus graves. Le peuple était juge en certaines matières, et il rendait la justice dans un conseil général de la nation.

Les assemblées des Français, dont parle l'abbé Le Gendre, avaient quelque chose de plus imposant, elles sont aussi d'un temps bien plus moderne. On les tenait en rase campagne, les premiers jours de mars et de mai; les évêques, les abbés, les ducs et les comtes y assistaient. C'était là qu'on faisait le procès aux personnes de distinction; qu'on délibérait sur la guerre et sur la paix; qu'on donnait des tuteurs aux enfants du souverain; qu'on établissait de nouvelles lois ; qu'on partageait les États et les trésors du roi mort, lorsqu'il n'avait pas pourvu lui-même à sa succession, et que le jour était fixé pour la proclamation du nouveau roi. Enfin c'était dans ces diètes, ou assemblées générales, qu'on réglait tout ce qui avait rapport au gouvernement.

Ce ne fut que plus de trois cents ans après Hugues Capet, qu'on connut en France ce que nous appelons *formalités de justice*. Dans les premiers temps de la monarchie, les particuliers étaient jugés par des personnes de leur profession : le clergé par les ecclésiastiques, la milice par les guerriers, la noblesse par les gentilshommes ; cet usage d'être jugés par ses *pairs*, par des hommes de même état que soi, s'est conservé jusqu'à présent en Angleterre, et la justice n'en est pas plus mal administrée. Ainsi les affaires ne traînaient pas en longueur comme aujourd'hui ; on n'avait pas encore trouvé le secret d'embrouiller les choses les plus claires par les coupables subtilités d'une chicane ruineuse. La seule juridiction des évêques s'étendait à la plus grande partie des affaires. Cet ordre jouissait parmi nous d'une autorité presque sans bornes, soit par respect pour leur caractère, soit par l'opinion qu'on avait de leur capacité et de leurs vertus. De là cette extension d'autorité, qui depuis a été restreinte dans ses limites naturelles.

Tous les crimes, à l'exception des cas de lèse-majesté, n'étaient punis que par des amendes pécuniaires. Les Français étaient moins sévères dans les premiers temps de la monarchie, qu'ils le sont devenus, à punir les crimes qui intéressent la société. Les Germains, au contraire, pendaient les traîtres et les déserteurs ; ils plongeaient les fainéants de profession dans la bourbe d'un marais, et les y laissaient expirer.

Dans tous les divertissements des Germains, on voyait la simplicité, ou plutôt la rusticité de leurs mœurs. Ils n'avaient qu'une sorte de spectacle : leurs jeunes gens sautaient tout nus entre des pointes d'épées et de javelots (1). Ceux qui montraient le plus d'adresse dans cet exercice étaient fort applaudis : c'était leur unique récompense. Les Français, par leur fréquentation avec les Romains, qui étaient passionnés pour les spectacles, avaient contracté le même goût, et voyaient avec beaucoup de satisfaction les *plaisantins*, les *jongleurs* et les *pantomimes*. On sait jusqu'à quel degré de perfection les derniers avaient porté leur art; les plaisantins étaient des bouffons qui débitaient des contes ou des facéties, et les jongleurs jouaient de la vielle. Notre passion pour les spectacles, qui s'est manifestée de bonne heure, n'en a point hâté les progrès. Ils ont été lents à se former ; ce n'est qu'après bien des tâtonnements que nous avons eu un théâtre, et il y a bien loin des mystères aux chefs-d'œuvre tragiques et comiques qui font l'honneur de la scène française.

Les Francs, peuple tout guerrier, qui ne respirait que les armes, négligeaient entièrement les lettres ; et les anciens peuples de la Gaule étaient plongés comme eux dans une profonde ignorance. Mais, par quelques monuments qui subsistent encore, on voit que, dès le siècle même qui précéda nos premiers rois, les langues savantes n'étaient pas tout à fait inconnues aux Gaulois; et sans doute les relations de ce peuple avec les Romains lui procurèrent des connaissances qui n'étaient point parvenues jusqu'en Germanie. En effet, il y eut peu de temps après des académies à Marseille, à Toulouse, à Bordeaux, à Autun, etc.; mais ces établissements furent détruits au commencement du ve siècle, par l'inondation des barbares qui vinrent fondre dans les Gaules. Ce ne fut que sous Charlemagne que les sciences commencèrent à refleurir; toutefois elles ne jetèrent pas un grand éclat jusqu'au

---

(1) Les Suisses en ont conservé quelque chose, leur *danse aux épées* rappelle cet usage.

règne de François Ier; ce n'était que l'aurore d'un beau jour. Il était réservé à Louis XIV de porter la littérature et les arts à leur plus brillante époque. Depuis ce siècle heureux, qu'on distingue comme ceux d'Alexandre et d'Auguste, nos mœurs se sont de plus en plus éloignées de celles des anciens Germains, dont nous tirons en partie notre origine, et de celles des peuples de la Gaule, dont nous descendons plus directement.

DES MŒURS

DES GERMAINS

PAR TACITE.

I. La Germanie, depuis les Gaules, le pays des Grisons et la Hongrie, est renfermée entre le Rhin et le Danube. Du côté des Daces et des Sarmates, elle est bornée par des montagnes et par des nations très-belliqueuses. L'océan y forme de grands golfes et des îles immenses, dans lesquelles on a découvert, par la voie des armes, de nouveaux pays et de nouveaux peuples. Le Rhin prend sa source chez les Grisons, et, descendant du sommet des Alpes, va se décharger bien loin dans la mer du Nord, en déclinant un peu vers l'occident. Le Danube, qui tombe du mont Abnôbe par une pente douce et facile, arrose diverses provinces, et va se rendre dans la mer Noire par six embouchures ; la septième se perd dans des marais.

II. Je crois que les Germains sont originaires du pays qu'ils habitent, et que cette nation s'est

formée sans l'alliance d'aucun peuple étranger;
car ceux qui d'abord sont allés à la recherche
d'un nouveau sol arrivaient sur des vaisseaux; or
l'Océan septentrional est trop effrayant pour avoir
attiré la curiosité des premiers hommes, puisque
même à présent il est redoutable à nos navires.
Mais, outre les dangers qu'il y a de s'embarquer
sur une mer terrible et inconnue, qui est-ce qui
voudrait abandonner l'Asie, l'Italie ou l'Afrique,
pour venir habiter la Germanie? Les terres y sont
incultes; le climat y est rude et fâcheux; le séjour
en est triste, et ne peut plaire qu'à ceux dont il
est la patrie. Ils n'ont point d'autres histoires ni
d'autres annales que d'anciens vers qu'ils récitent
de temps en temps pour célébrer la gloire d'un
dieu né de la terre, nommé Tuiscon, et de son fils
Mann; ce sont là les premiers habitants du pays
et la tige de la nation. Mann eut trois fils, qui
donnèrent leurs noms à toute la Germanie. De là
vinrent les Ingevons, peuples qui habitent le long
des côtes de l'Océan, les Herminons, qui s'établirent au milieu du pays, et les Istevons, qui
occupèrent le reste de la contrée. Quelques-uns,
usant de la liberté qu'on a de mentir en des sujets
si éloignés, attribuent à Mann plusieurs autres
enfants, dont ils font venir les Marses, les Gam-
briviens, les Suèves et les Vandales, et ils pré-
tendent qu'anciennement les Germains ont porté
ces différents noms; car, disent-ils, celui de Germanie est nouveau, ils vient de ceux qui les premiers franchirent le Rhin et passèrent dans les

Gaules, lesquels s'appelaient Tongres ou Germains : de sorte que toute la nation reçut dans la suite, ou par honneur, ou par crainte, le nom du peuple qui la subjugua. Ils assurent qu'Hercule, le plus vaillant de tous les hommes, a été parmi eux, et ils chantent encore ses louanges lorsqu'ils vont au combat.

III. Ils ont aussi des poëmes qu'ils appellent *bardits;* ils les récitent pour exciter leur courage. Ils jugent du succès de la bataille par leurs cris, et selon qu'ils sont plus ou moins violents, ils prennent de la terreur, ou en inspirent, comme si ce n'était pas tant un concert de voix qu'une expression de leur valeur. Ils affectent principalement des accents rudes et sauvages, qu'ils rendent encore plus effrayants en mettant leurs boucliers près de leurs bouches d'une manière qui augmente de beaucoup le son naturel de leurs voix. On dit qu'Ulysse, dans ses longs et fabuleux voyages, fut porté par la tempête en Germanie, où il bâtit, sur le bord du Rhin, une ville qu'il nomma Aschelbourg. On ajoute qu'il y avait un autel qui lui était consacré, sous le titre de fils de Laërte, et qu'il en reste encore des monuments avec des inscriptions grecques sur les frontières des Grisons et de la Germanie : c'est ce que je ne prétends ni repousser ni appuyer de preuves ; je laisse à chacun la liberté de prêter ou de refuser crédit à cette opinion.

IV. Je suis de l'avis de ceux qui tiennent que les Germains n'ont point été abâtardis par le commerce et l'alliance des autres peuples; c'est pourquoi ils ont une physionomie qui leur est commune et particulière à leur nation. Ils ont les cheveux blonds, les yeux bleus, le regard farouche, la taille robuste; le corps incapable d'un long travail, et propre seulement à soutenir le premier choc, supportant avec peine le chaud et la soif, et plus facilement le froid et la faim : ce qui est un effet du climat.

V. A l'égard du pays, quoiqu'il y ait quelque différence entre ses diverses provinces, cependant, à le prendre en général, il est plein de bois et de marais, plus humide du côté des Gaules, et plus sujet aux vents vers l'Autriche et la Bavière. Il est fertile en blé, mais il produits peu de fruits; abondant en troupeaux, qui sont les plus grands biens de ces peuples, ou, pour mieux dire, leurs seules richesses : le bétail y est très-fécond, il est ordinairement petit et sans cornes. Ces peuples n'ont ni or, ni argent, soit que les dieux leur aient refusé ces présents par haine ou par amour; mais je ne voudrais pas affirmer qu'ils n'eussent point de mines de ces métaux ; car qui est-ce qui les a cherchées? Tout ce qu'on peut dire, c'est qu'ils n'ont pas pour ces choses autant d'avidité que les autres nations. On voit même parmi eux de la vaisselle d'argent, qui a été donnée à leur ambassadeurs ou à leurs princes; mais ils n'en font pas plus de cas que de celle de terre. Ceux qui demeurent sur nos frontières recherchent l'argent comme moyen de commerce, et connaissent certaines pièces anciennes de notre monnaie, qu'ils aiment mieux que les autres, par exemple celles qui portent la marque d'une scie ou d'un chariot. Ceux qui habitent plus avant dans le pays négocient avec la simplicité des premiers hommes, par échange. Ils aiment mieux l'argent que l'or, sans autre raison, je crois, que parce qu'il leur est plus commode pour acheter des choses de peu de valeur.

VI. On voit par leurs armes que le fer leur manque. Il y en a peu qui aient des épées ou des pertuisanes. Leur javelot, ou ce qu'ils appellent la framée, a le fer petit et étroit; ils sont très-adroits à s'en servir, soit qu'ils combattent de près ou de loin. La cavalerie n'a que la lance et le bouclier. L'infanterie est armée de dards, et chaque soldat en a plusieurs qu'il sait lancer avec beaucoup de force et d'adresse ; ils ne sont point embarrassés par leurs habits, ni par leurs armes ; ils n'ont qu'une saye pour tout vêtement. Ils ne dépensent rien en parures, et ils ne sont curieux que de teindre leurs boucliers de quelque belle couleur. Il y en a peu qui aient des cuirasses, et encore moins des casques. Leurs chevaux n'ont ni vitesse, ni beauté ; ils ne sont point exercés comme les nôtres à toutes sortes d'évolutions ; ils ne savent que tourner à droite et aller en avant, en formant le rond; de manière qu'il n'y en a point qui soit le dernier. A considérer leurs troupes en général, l'infanterie est la meilleure; c'est pourquoi ils la mêlent parmi la cavalerie, dont elle

égale la vitesse : ils choisissent pour cela les jeunes
gens les mieux faits, qu'ils mettent aux premiers
rangs. Ils en prennent cent de chaque canton : ce
nombre, qui ne désignait d'abord que des gens
d'une riche taille, est devenu dans la suite un titre
et le prix du courage. Leur armée est rangée par
bataillons et par escadrons. Il croient que c'est
plutôt une marque de prudence que de lâcheté, de
reculer, pourvu qu'on revienne à la charge. Ils
emportent leurs morts, même au plus fort du
combat. C'est une infamie parmi eux d'abandonner
son bouclier, et ceux à qui ce malheur est arrivé
n'oseraient plus se trouver aux assemblées ni aux
sacrifices, et plusieurs qui s'étaient échappés de
la bataille se sont étranglés pour ne point survivre à leur déshonneur.

VII. Dans l'élection des rois, ils ont égard à la
noblesse ; mais dans leurs généraux ils ne consi-
dèrent que la valeur. La puissance royale n'est ni
absolue, ni souveraine. Les généraux mêmes com-
mandent plutôt par leur exemple que par leur
rang. Quand on les voit donner les premiers dans
une action, c'est moins l'obéissance qu'une noble
émulation qui engage à les suivre. Il n'y a que les
prêtres qui aient droit d'emprisonner et de punir ;
et les peines qu'ils ordonnent ne sont pas tant
prises pour un supplice, ni pour un effet de leur
autorité, que pour un commandement des dieux
qu'ils croient présider aux batailles ; c'est pour se
rappeler la présence de ces dieux qu'ils portent
à la guerre certaines figures qu'ils conservent

avec soin dans les bois sacrés. Le motif principal qui excite leur valeur vient de ce qu'ils ne s'enrôlent pas au hasard ; ils suivent l'étendard de leurs familles, d'où ils peuvent entendre les cris de leurs femmes et de leurs enfants qui sont les plus assurés témoins de leur bravoure, et comme les hérauts de leur gloire. C'est auprès de leurs mères et de leurs femmes qu'ils se retirent lorsqu'ils sont blessés, et elles ont le courage de sucer leurs plaies et de leur porter des rafraîchissements dans le combat.

VIII. On dit que des armées entières, sur le point d'être défaites, ont été reformées par les femmes, qui venaient se présenter aux coups et à une captivité presque certaine ; ce que leurs maris appréhendent plus pour elles que pour eux-mêmes. Lorsqu'il s'agit de recevoir des otages, ils demandent surtout des filles nobles ; ils les regardent comme un gage très-assuré. Ils croient même que ce sexe a quelque chose de divin, ils ne négligent ni leurs conseils, ni leurs réponses. Nous avons vu sous Vespasien une Velleda qui a passé longtemps parmi eux pour une déesse. Ils ont eu depuis la même opinion à peu près d'Aurinia et de plusieurs autres, auxquelles ils ont témoigné la vénération la plus grande, et cela par une véritable conviction et nullement par flatterie.

IX. De tous les dieux, ils adorent particulièrement Mercure, et lui sacrifient même des hommes en certaines rencontres. Ils immolent à Hercule et à Mars des victimes ordinaires. Une partie des

Suève adore Isis. Je n'ai rien trouvé de certain
sur l'origine de ce culte ; mais le vaisseau qui sert
d'attribut à cette divinité me fait augurer que son
culte a été introduit chez les Suèves par des étrangers. Au reste, les Germains ne croient pas que
ce soit honorer les dieux, de les peindre comme
des hommes, ou de les renfermer dans les temples ;
ils se contentent de leur consacrer des bois et des
forêts, dans l'obscurité desquels ils imaginent que
réside la divinité.

X. Ils sont fort adonnés aux augures et aux
sorts, et n'y observent pas grande cérémonie. Ils
coupent une branche de quelque arbre fruitier en
plusieurs pièces, et le marquent de certains caractères. Ils les jettent ensuite, au hasard, sur un
drap blanc. Alors le prêtre, si c'est en public, ou
le père de famille, si c'est dans quelque maison
particulière, lève chaque brin trois fois, après
avoir invoqué les dieux, et les interprète selon
les caractères qu'il y a faits. Si l'entreprise se
trouve défendue, ils ne passent point plus avant ;
car on ne consulte point deux fois sur un même
sujet, en un même jour ; mais si elle est approuvée, on jette le sort une seconde fois, pour en
avoir la confirmation. Ils consultent aussi le vol et
le chant des oiseaux : le hennissement des chevaux est encore pour eux un présage très-assuré.
Ils en nourrissent de blancs dans leurs bois sacrés,
et ils croiraient faire une profanation s'ils les em-
ployaient aux usages ordinaires. Quand ils veulent
les consulter, ils les attèlent au char de leurs dieux,

et le prêtre ou le roi les suit, et observe leur hennissement. Il n'y a point d'augure qui soit regardé
comme plus certain, je ne dis pas seulement par
le peuple, mais par les grands mêmes et par les
prêtres ; car ils les prennent pour les compagnons
des dieux, dont ils ne se disent que les ministres.
Ils se servent encore d'un autre moyen pour connaître l'issue des grandes guerres : ils font battre
un d'entre eux avec un des prisonniers qu'ils ont
faits sur l'ennemi, et ils jugent du succès de la
guerre par ce combat.

XI. Les grands décident seuls des affaires de
peu d'importance ; à l'égard de celles qui sont
de quelque conséquence, la connaissance en est
réservée à la nation. Il y a certaines choses dont
le peuple seul a droit de juger ; mais il faut toujours que ce soit en présence des principaux de la
nation. Leurs assemblées se tiennent à des jours
marqués ; le temps de la pleine lune et de la nouvelle est celui qu'ils jugent le plus favorable pour
cela, à moins qu'il ne survienne quelque affaire
imprévue qui ne souffre point de retard. Ils comp-
tent par nuits, et non par jours comme nous
faisons ; et leurs décrets sont datés de la nuit, et
non du jour, parce qu'il leur semble que la nuit
marche devant. Ils ont un défaut qui tient à leur
liberté : c'est qu'ils ne s'assemblent pas tous à la
fois, ni à une heure certaine ; l'un vient plus tôt
et l'autre plus tard, selon sa convenance : de sorte
qu'ils sont quelquefois deux ou trois jours à s'as-
sembler. Ils sont armés dans le conseil, et chacun

se place où il lui plaît. Les prêtres seuls ont droit d'imposer silence et de faire justice des coupables. Après que le roi ou le chef de l'assemblée a dit son avis, chacun parle selon son âge et selon le rang qu'il tient dans l'État par sa noblesse, ou par la réputation que lui ont acquise sa valeur ou son esprit. L'autorité consiste plutôt dans l'art de persuader que dans le pouvoir d'ordonner. Quand ils ne goûtent pas un avis, ils le témoignent par leurs murmures; s'ils l'adoptent, ils font bruire leurs armes : c'est, parmi eux, la plus belle et la plus honorable manière de donner son approbation.

XII. C'est dans le conseil qu'on met les criminels en accusation, et qu'ils ont à défendre leur tête. La peine varie selon la nature du crime. On pend à un arbre les traîtres et les déserteurs; les fainéants et les lâches, qu'on regarde comme infâmes, sont plongés dans un bourbier que l'on couvre d'une claie. Ce genre de supplice fait voir que l'infamie doit être ensevelie dans un oubli éternel, au lieu que ceux qui sont coupables d'autres crimes doivent être punis à découvert pour servir d'exemple. Pour des fautes moins graves, on fait payer l'amende, qui consiste à donner un cheval ou quelque bétail. Une partie de cette amende appartient au roi ou au peuple, le reste à celui qui est offensé ou à ses proches. On élit aussi dans ces assemblées ceux qui doivent rendre la justice dans les bourgs et dans les villages, et chacun d'eux prend avec soi cent personnes du peuple pour former son conseil.

XIII. Quelque chose qu'on fasse, soit en public, soit en particulier, on a toujours ses armes. Lorsqu'on est en âge de les porter, on ne peut point les prendre de soi-même ; il faut y être autorisé par la commune. Voici comment cela se pratique. Quand on est assemblé, un des principaux ou bien le père, et à son défaut le plus proche parent, donne solennellement la lance et le bouclier au jeune homme qui se présente pour porter les armes. C'est là sa robe virile ; c'est le premier honneur qu'il reçoit, et son entrée dans les dignités. Auparavant il ne faisait partie que de la maison ; alors il devient membre de la république. La grande noblesse, ou le mérite extraordinaire des ancêtres, fait qu'on élit quelquefois pour princes des jeunes gens ; et il n'y a point de honte à les recevoir, ni à les suivre. Il y a même en cela des degrés d'honneur qui se prennent de l'estime qu'ils font de ceux qui s'attachent à eux : de sorte que les particuliers disputent souvent à qui sera le premier à la suite d'un prince, comme les princes de leur côté ont aussi des contestations à qui aura de plus braves gens à sa suite. Il est de la grandeur d'un prince de se voir toujours environné d'une nombreuse et brillante jeunesse qui lui sert d'ornement durant la paix et de rempart durant la guerre. Cela ne lui est pas seulement glorieux parmi sa nation, mais parmi les nations voisines. Cela fait qu'on le recherche par ambassades et par présents, et que sa seule réputation le met souvent à l'abri des guerres.

XIV. Quand on en vient aux mains, il est hon-
teux pour le prince de n'être pas le premier en
valeur, et pour ceux de sa suite de ne pas l'égaler.
Ils font vœu de le suivre partout et de le défendre.
Ils rapportent à sa gloire leurs plus belles actions,
et c'est une infamie éternelle de lui survivre dans
la mêlée. Le prince combat pour la victoire ; et
ils combattent pour le prince. S'il n'y a point de
guerre dans leurs pays, la jeune noblesse va chercher dans les pays étrangers l'occasion de se signaler, car le repos leur est insupportable ; et
d'ailleurs ils ne peuvent entretenir leur nombreuse
suite et soutenir leur dépense que par la guerre.
Ils reçoivent de la libéralité du prince pour lequel
ils combattent, ou quelque cheval de bataille, ou
quelque arme sanglante et victorieuse. La table
des grands est en quelque sorte la solde de la noblesse ; elle n'est pas délicate, mais elle est abon-
damment couverte. La guerre et le pillage fournis-
sent à la dépense. Rien ne peut les engager à cultiver la terre et à en attendre la récolte, ils aiment
mieux provoquer l'ennemi au combat et recevoir
des blessures honorables. Il leur paraît lâche d'acquérir à la sueur de leur front ce qu'ils peuvent
emporter au prix de leur sang.

XV. Quand ils ne vont point à la guerre, ils
passent le temps à boire et à dormir plutôt qu'à
aller à la chasse. Les plus braves gens parmi eux
ne font rien. La conduite du ménage et le soin de
l'agriculture est abandonné aux femmes, aux
vieillards et aux infirmes. Les autres passent les

jours dans la paresse ; c'est une chose tout à fait
surprenante que les mêmes hommes qui ne peuvent vivre en repos se complaisent dans l'oisiveté.
Les communes et les particuliers font divers présents au prince, tant du revenu de leurs terres que
de leurs troupeaux, ce qui lui est en même temps
et honorable et utile. Ils aiment surtout à recevoir
des présents de leurs voisins, comme des chevaux,
des harnais, des baudriers et des armes. Nous leur
avons enseigné à prendre de l'argent.

XVI. Il n'est pas nécessaire de remarquer qu'ils
n'ont point de villes ; car cela est connu de tout
le monde ; ils n'ont pas même des bourgs à notre
manière. Chacun, selon qu'il lui plaît, se loge
près d'une fontaine, d'un bois ou d'un champ,
sans joindre sa maison à celle de son voisin ; soit
qu'ils ignorent l'art de bâtir, soit qu'ils appréhendent le feu. Ils n'ont pas l'usage du ciment ni de
la tuile, et se servent communément de matières
qu'ils emploient sans leur donner de forme. Il y a
des endroits qu'ils enduisent plus proprement
d'une terre pure et luisante, qui imite les traits et
les couleurs de la peinture. Ils pratiquent des ex-
cavations souterraines qu'ils couvrent de fumier ;
c'est là qu'ils serrent leurs grains et qu'ils se retirent en hiver et même durant la guerre ; l'ennemi se contente de ravager la campagne et d'emporter ce qu'il trouve. La difficulté qu'il y a de
découvrir les endroits où ils se cachent fait qu'on
renonce à les chercher.

XVII. Ils n'ont pour tout habit qu'une saie at-

tachée par une agrafe, ou simplement par une
épine. Le reste du corps est nu ; c'est pourquoi ils
passent les jours entiers auprès de leur foyer. Les
plus riches ont des habits, non pas larges et am-
ples à la façon des Parthes et des Sarmates, mais
serrés et marquant la forme des membres. Ils se
vêtent aussi de fourrures ; c'est tout leur ornement. Ceux de la frontière sont moins recherchés
que les autres dans la manière dont il s'habillent.
Ils ne choisissent que les peaux les plus belles, et
y entremêlent encore pour ornement des pièces de
quelque fourrure plus précieuse qui leur vient par
mer de très-loin et de parages inconnus. Les femmes y sont vêtues comme les hommes, si ce n'est
qu'elles portent une espèce de chemise de lin,
sans manches, bordée de rouge ; et cet habillement leur laisse les bras et une partie de la poitrine découverts.

XVIII. Les mariages y sont chastes ; et c'est ce
qu'on ne peut trop louer parmi eux ; car ils sont
presque les seuls barbares qui se contentent d'une
femme ; et si quelques-uns d'entre eux en prennent plusieurs, c'est plutôt par ton que par volupté. Elles ne leur apportent rien en mariage ;
au contraire, elles reçoivent d'eux quelques présents. Ce ne sont pas des parures, mais une couple
de bœufs pour la charrue, un cheval tout harna-
ché, le bouclier avec la lance et l'épée. Les parents
examinent ces présents et les reçoivent. Elles donnent aussi de leur côté quelques armes à leurs
maris. Voilà leur lien conjugal, leur cérémonie,

leur hyménée : la femme apprend ainsi qu'elle n'est point appelée à une vie oisive et délicieuse , mais à être la compagne des travaux de son mari , à prendre part à ses dangers, et à suivre sa fortune dans la paix et dans la guerre. C'est là ce que signifient les bœufs , les armes et le cheval. Tel est le plan de vie qu'elle doit suivre jusqu'à sa mort. Elle est obligée de faire de semblables présents aux femmes de ses fils , et de conserver inviolablement cette coutume dans sa famille.

XIX. La chasteté ne court point risque d'être corrompue par les festins , par les assemblées , ni par les spectacles ; les hommes et les femmes ne savent point non plus écrire ; de sorte qu'il y a peu d'adultères parmi cette immense population ; et quand il s'en trouve, le mari a droit d'en faire justice sur-le-champ. Il rase sa femme, la dépouille en présence de ses parents et la chasse devant lui par tout le bourg à coups de bâton ; il n'est pour elle ni excuse , ni pardon. Ni son âge, ni ses richesses, ni sa beauté ne sauraient lui trouver un autre mari, car on ne rit point là des vices, et le rôle de corrupteur ou celui de corrompu n'y ont point passé dans les mœurs. Ils font encore mieux en quelques provinces ; car on n'y souffre pas même de secondes noces, et une femme prend un mari comme on prend un corps et une âme. Elle n'étend point au delà ses pensées, ni ses espérances : ce n'est pas tant son mari que son mariage qu'elle aime. C'est une abomination parmi eux de se défaire de ses enfants ou d'en limiter le nombre. En un mot, les bonnes mœurs ont plus de pouvoir en ce pays que les bonnes lois n'en ont partout ailleurs.

XX. L'éducation rude et grossière que reçoivent ces peuples ne contribue pas peu à les rendre grands et robustes comme nous les voyons. Les mères nourrissent leurs enfants ; elles ne les font point allaiter par des esclaves ou des étrangères. On ne distingue pas le fils du maître de celui du serviteur ; ils ne sont pas nourris plus délicatement l'un que l'autre. Ils sont couchés pêle-mêle parmi le bétail, jusqu'à ce que l'âge les sépare et que la valeur les fasse connaître. Ils ne se livrent que tard aux femmes ; c'est pourquoi ils ont une jeunesse vigoureuse. On ne se presse point de marier les filles ; elles deviennent aussi grandes et aussi robustes que leurs maris. Ils sont donc en la force de leur âge lorsqu'ils s'épousent ; c'est pourquoi ils produisent des enfants qui deviennent vigoureux comme leurs pères. On y fait autant de cas de ceux de sa sœur que des siens propres. Quelques-uns même tiennent ce degré de consanguinité plus fort et les aiment mieux en otage, comme si nous avions plus d'attachement pour eux parce qu'ils étendent plus loin notre parenté. Ce sont pourtant les enfants qui héritent, et à leur défaut, les oncles et les frères, sans qu'il y ait de testament. Plus un homme a de parents et d'alliés, plus sa vieillesse est honorable ; car on a moins d'estime pour ceux qui manquent de postérité.

XXI. C'est une espèce d'obligation pour chacun d'embrasser les amitiés et les inimitiés de sa famille ; mais les haines n'y sont pas implacables. L'homicide même se rachète par une certaine quantité de bétail, que toute la famille reçoit comme indemnité ; satisfaction très-salutaire, car les inimitiés ne sont nulle part aussi dangereuses que dans les pays libres. Il n'y a pas de nations qui se plaisent autant à exercer l'hospitalité. C'est un crime de fermer sa maison à qui que ce soit. Quand vous arrivez chez quelqu'un, il vous donne ce qu'il a ; et lorsqu'il n'a plus rien, il vous mène lui-même chez son voisin, qui vous fait le même accueil ; on ne distingue point en cela l'ami de l'étranger. Quand vous sortez, si votre hôte vous demande quelque chose, vous ne pouvez pas le refuser honnêtement ; mais vous pouvez aussi lui demander ce qu'il vous plaira, sans craindre qu'il vous refuse. Ils se plaisent à faire et à recevoir des présents ; mais comme ils oublient ceux qu'ils font, ils ne se croient point obligés par ceux qu'on leur a faits. Ils se reçoivent poliment, mais sans apparat.

XXII. On ne s'y lève que fort tard, et d'abord on entre au bain qui est ordinairement chaud, à cause du climat qui est extrêmement froid. Ensuite on se met à table, et chacun a la sienne à part. Ils prennent leurs armes pour aller à leurs affaires, et souvent même ils ne les quittent pas pendant le repas. Ce n'est point une honte parmi eux de passer les jours et les nuits entières à boire ;

aussi les querelles y sont-elles fréquentes, comme
parmi les ivrognes ; et elles se terminent plus souvent par des coups que par des injures. C'est pourtant dans les festins que se font le réconciliations
et les alliances ; c'est là qu'ils traitent de l'élection
des princes et de toutes les affaires de la paix et
de la guerre. Ils trouvent ce temps-là plus oppor-
tun , parce qu'on n'y déguise point sa pensée et
que l'esprit s'y échauffe et s'y porte aux résolu-
tions hardies. Cette nation, exempte de ruse et de
dissimulation, découvre alors ses sentiments avec
liberté et franchise; mais la décision de l'affaire
est renvoyée au lendemain : ainsi ils délibèrent
alors qu'ils ne sauraient feindre, et ils décident
lorsqu'ils ne peuvent se tromper.

XXIII. Ils boivent une certaine liqueur faite
d'orge ou de froment, en manière de vin; mais
ceux de la frontière achètent du vin de leurs voisins. Leur nourriture est fort simple; elle consiste
en fruits sauvages, en lait caillé et en venaison fraî-
che. Ils satisfont leur appétit sans apprêt et sans as-
saisonnements ; mais ils n'ont pas la même sobriété
pour la boisson; et qui voudrait leur donner à boire
autant qu'ils en désirent , viendrait à bout d'eux
plutôt par leur intempérance que par les armes.

XXIV. Ils n'ont qu'une sorte de spectacles. Leurs
jeunes gens sautent tout nus entre les pointes d'é-
pées et de javelots. Ils ont fait un art de cet exercice, qui est maintenant en crédit , quoiqu'il n'y
ait point d'autre récompense que le plaisir des
spectateurs. Ce qui est surprenant, c'est leur pas-

sion pour le jeu. Ce plaisir leur tient lieu d'une
affaire plus importante, et ils s'en occupent si sé-
rieusement, et avec tant d'ardeur dans le gain et
dans la perte, qu'un homme, après avoir joué tout
son bien, se joue lui-même, et s'il perd, il va
volontairement en servitude : quand même il serait
le plus fort et le plus robuste, il souffre que l'autre
le lie et le vende, car le gagnant rougirait de
garder le vaincu. Cette façon d'agir nous paraît un
trait de folie; mais ils la regardent comme un acte
de justice et de bonne foi.

XXV. Ils n'emploient pas leurs esclaves, comme
nous faisons, à divers travaux dans la famille ; ils
ont leur ménage séparé, et on les oblige à payer
tous les ans une certaine quantité de blé, d'étoffe
ou de bétail, comme on fait avec des fermiers; on
ne leur demande rien de plus ; du reste, la femme
et les enfants font ce qui est à faire dans la maison.
Rarement ils mettent leurs esclaves aux fers, ou
les maltraitent pour les forcer à travailler. Ils les
tueraient plutôt, non point par punition, ni pour
l'exemple, mais par un mouvement violent,
comme on tue son ennemi, avec cette différence
qu'à l'égard de l'esclave il y aurait impunité. Les
affranchis n'y sont guère plus considérés que les
esclaves, car ils n'ont aucune autorité dans la maison ni dans l'État, si ce n'est dans les endroits où
il y a des souverains, et où ils deviennent quelquefois plus puissants que les seigneurs du pays. Mais
il n'en est pas de même ailleurs, et c'est une
grande marque de liberté.

2*

XXVI. Ils ne connaissent ni usure, ni intérêt ; c'est pourquoi ils s'en abstiennent plus scrupuleusement que si on le leur avait défendu. Ils cultivent tantôt une contrée, tantôt une autre, et ils partagent les terres selon le nombre et la qualité des personnes ; l'étendue du pays empêche qu'il y ait le moindre différend entre eux à ce sujet. Ils ne labourent pas un même champ tous les ans ; ils ne s'amusent pas à cultiver un jardin, ni à arroser une prairie. Ils se contentent de les semer, et n'ajoutent rien à la fertilité de la terre par le soin de la culture. Ils ne partagent pas l'année en quatre saisons comme nous : ils ne connaissent que l'hiver, le printemps et l'été. Le nom et les richesses de l'automne leur sont inconnus.

XXVII. Leurs funérailles sont sans pompe et sans magnificence. Ils se servent seulement de quelque bois particulier pour brûler le corps d'une personne de condition : ils brûlent en même temps ses armes et quelquefois son cheval ; mais ils ne jettent point de parfum sur le bûcher, et ils n'y brûlent pas les vêtements du mort. Leurs tombeaux sont faits de gazon, et ils méprisent l'appareil des nôtres, comme une chose qui est à charge aux vivants et aux morts. Ils quittent bientôt le deuil, mais non pas la douleur et l'affliction. Il est bienséant aux femmes de pleurer, et il convient aux hommes de conserver la mémoire des personnes qui leur sont chères. Voilà ce que j'ai appris en général de l'origine et des mœurs des Germains.

XXVIII. Je parlerai en particulier des coutumes
de chaque nation, et je commencerai par les peuples qui sont venus de la Germanie dans les Gaules.
César, le plus illustre de tous les écrivains, nous
apprend que la puissance des Gaulois a été autrefois beaucoup plus considérable qu'elle n'est à
présent : c'est pourquoi il est assez croyable que
ces peuples ont aussi passé en Germanie. Le Rhin
n'était pas une assez forte barrière pour leur courage, avant que les empires fussent établis et que
les dominations fussent certaines. Les Helvétiens
(ou les Suisses) occupèrent le pays qui est entre le
Rhin, le Mein et la forêt Noire; et les Boïens,
autre peuple de la Gaule, ont donné leur nom à la
Bohème, quoique ce pays ait depuis reçu d'autres
habitants. On doute si les Osiens ont passé de la
Germanie dans la Pannonie, ou les Aravisiens de
la Pannonie dans la Germanie; car ils ont tous le
même langage et les mêmes coutumes; d'ailleurs
les pays qu'ils habitent ne sont pas meilleurs les
uns que les autres, et ils vivaient autrefois dans la
même liberté et dans une égale indigence. Ceux
de Trèves et les Nerviens affectent de venir des
Germains, pour se distinguer de la mollesse des
Gaulois par la gloire de leur origine. Les Vangions, les Tréboces et les Némètes (autrement
ceux de Spire, de Worms et de Strasbourg) en
viennent plus assurément, et ceux de Cologne
même, quoiqu'ils aiment mieux porter le nom
d'Agrippiniens que celui d'Ubiens, parce que le
premier désigne une colonie romaine. Aussi ont-

ils été placés en deçà du Rhin, pour servir de digue contre l'inondation des barbares, et non pas pour être plus en sûreté.

XXIX. Mais de tous ces peuples les Bataves sont les plus vaillants. Ils habitent une île du Rhin. Ils sont Cattes d'origine, et ils quittèrent leur pays dans une guerre civile, pour faire partie de notre empire. Aussi leur fait-on l'honneur de ne pas les charger d'impôts, ainsi que les autres peuples qu'on méprise; mais ils sont réservés pour le combat, comme le fer et les armes. Les Mattiens (ou les habitants du Vétérave et du Westerwaal) sont dans la même obéissance; car la grandeur romaine a porté ses conquêtes jusqu'au delà du Rhin, qui était l'ancienne borne de notre empire. Quoiqu'ils demeurent parmi nos ennemis, ils ne laissent pas d'avoir le cœur et l'inclination romaine ; du reste ils ressemblent aux Bataves, si ce n'est qu'ils paraissent tirer une nouvelle vigueur de leur position et de leur climat. Je ne compte point entre les Germains ceux des Gaulois qui, habitant au delà du Rhin et du Danube, cultivent les terres qu'on appelle Serves : ce sont les plus pauvres et les plus inconstants des Gaulois, qui n'ayant rien à craindre, ni à perdre, à cause de leur pauvreté, se sont emparés d'un pays qui n'appartenait à personne. Et comme nous avons depuis avancé nos garnisons et reculé nos frontières, ils vivent en repos à l'abri de notre domination, comme s'ils étaient au milieu de notre empire.

XXX. Plus loin sont les Cattes, dont le pays

commence et finit à la forêt Noire. Il n'est pas si
plein, ni si marécageux que le reste de la Germanie; mais il est coupé de montagnes qui s'a-
baissent peu à peu. Ces peuples sont d'une corpu-
lence forte et ramassée; ils ont une physionomie
extrèmement fière et l'esprit élevé. Du reste, ils ont
toute l'adresse et toute la conduite des Germains :
ils savent choisir leurs chefs et leur obéir, garder
leurs rangs, saisir l'occasion, ménager leur force ,
ordonner de jour, se fortifier la nuit, s'appuyer
sur la valeur plutôt que sur la fortune , et ce qui
est très-rare pour des barbares, et un effet de la
discipline, ils savent faire plus de fond sur la personne du chef que sur celle du soldat. Toute leur
force est dans l'infanterie , qu'ils chargent d'ou-
tils et de provisions outre ses armes. Les autres
peuples cherchent volontiers à se battre ; mais les
Cattes font vraiment la guerre : ils ne s'amusent
pas à courir et à escarmoucher comme la cavalerie,
qui est aussi prête à fuir qu'à combattre. Ils savent que la précipitation est sœur de la crainte, et
la prudence voisine de la fermeté.

XXXI. Il est une marque de courage qui se
trouve quelquefois parmi les braves de leur nation,
c'est de se laisser croître le poil et la barbe jusqu'à ce qu'ils aient tué quelqu'un du parti contraire ; cela est ordinaire aux Cattes : c'est alors
seulement qu'ils se découvrent le visage , comme
s'ils n'osaient paraître auparavant , et que ce fût
un devoir de leur naissance, dont il fallût s'acquit-
ter avant d'être avoués de leurs parents et de leur

patrie. Les faibles et les lâches demeurent toute leur vie dans l'opprobre. Les plus vaillants portent un anneau de fer ; ils le regardent comme une marque d'ignominie, jusqu'à ce qu'ils aient mérité de s'en délivrer par la mort d'un ennemi. Plusieurs blanchissent sous ces fers, et sont également révérés des amis et des ennemis. Ce sont eux qui forment la pointe dans les combats : de sorte que leur front de bataille est toujours terrible ; ils ne renoncent pas, même durant la paix, à cette obligation d'avoir de la valeur ; et ils ont toujours cet air martial qui inspire de la crainte. Ces braves n'ont ni champs, ni maisons, ni aucun embarras de la vie. Ils mangent tout ce qu'ils trouvent, et partout où ils le trouvent ; prodigues du bien d'autrui, méprisant le leur, jusqu'à ce que la faiblesse de l'âge les rende incapables de mener une vie aussi dure.

XXXII. Après les Cattes, sont les Usipiens et les Tenctères ; ils habitent le long du Rhin, dans la partie où il commence à être assez large pour leur servir de barrière. Les Tenctères excellent dans la cavalerie, comme les Usipiens dans l'infanterie. Leurs ancêtres ont fondé cette réputation, et leur postérité la conserve. L'équitation est pour eux un passe-temps de tous les âges, depuis l'enfance jusqu'à la vieillesse. Les chevaux se laissent par succession, et comme un héritage ; et ce n'est pas toujours le plus âgé qui en hérite, mais le plus vaillant.

XXXIII. Les Bructères étaient autrefois dans le

voisinage des Tenctères ; mais les Chamaves et les Angrivariens les ont exterminés, du consentement des autres nations, en haine de leur orgueil, ou par convoitise de leurs biens, ou plutôt par une grâce particulière des dieux, qui ne nous ont pas même envié le plaisir de ce spectacle. Plus de soixante mille barbares ont été taillés en pièces à notre vue, non par nos armes, mais par celles des barbares eux-mêmes. Que ces peuples conservent toujours entre eux de l'inimitié, à défaut d'amour pour nous, puisque notre empire est parvenu à ce point où il ne nous reste plus rien à souhaiter que la discorde chez nos ennemis.

XXXIV. Derrière les Chamaves et les Angrivariens, sont les Dulgibiniens et les Casvares, et autres nations moins connues. Devant sont les Frisons, qui sont distingués en grands et en petits, selon la diversité de leurs forces ; et ils s'étendent le long du Rhin jusqu'à l'Océan, autour des grands lacs qui sont fréquentés par nos navires. Nous avons même entrée dans l'Océan de ce côté-là, et l'on met au delà d'autres colonnes d'Hercule ; soit que le courage de ce héros l'ait amené en des lieux si reculés, soit qu'on lui attribue tout ce qui s'est fait de merveilleux en ce monde. Drusus voulut savoir ce qui en était ; mais il fut repoussé par la tempête, comme si l'Océan eût été jaloux de voir sonder ses abîmes et les mystères d'Hercule. Personne ne l'a osé tenter après lui, et l'on a cru qu'il était plus respectueux de croire les secrets des dieux que de les vouloir pénétrer.

XXXV. Telle est la Germanie du côté de l'occident. Elle a aussi une étendue considérable vers le septentrion. On y rencontre d'abord les Causses, qui s'étendent depuis les Frisons jusqu'aux Cattes, derrière toutes les nations dont nous venons de parler. Non-seulement ils occupent un si grand espace, mais ils le remplissent ; de plus , ils se rendent recommandables parmi ces peuples par leur justice et leur équité ; c'est par ces vertus qu'ils se soutiennent plutôt que par la force : exempts d'ambition et d'envie, ils vivent en paix, sans exercer ni souffrir de violence. C'est une des plus belles marques de leur valeur , de n'avoir point besoin de faire la guerre pour maintenir leur autorité, et d'être redoutables à leurs ennemis sans se servir de leurs armes. Cependant ils sont toujours en état de se défendre ; et comme ils ont beaucoup d'hommes et de chevaux, et qu'ils peuvent mettre sur pied des armées nombreuses , ils conservent tranquillement leur réputation et leur gloire.

XXXVI. A côté des Causses et des Cattes, sont les Chérusques, à qui une longue paix a été plus agréable qu'avantageuse ; car , parmi les nations puissantes, les plus faibles ne jouissent que d'un repos trompeur ; et lorsqu'on en vient aux mains, le droit du plus fort est toujours le meilleur. La modération et la probité sont des noms qu'on ne donne qu'au vainqueur. Ainsi les Chérusqnes, qui passaient autrefois pour un peuple équitable et sage , sont à présent regardés comme lâches et timides. On appelle sagesse la fortune des Cattes, qui les ont vaincus. Les Fosiens, voisins des Chérusques, ont été enveloppés dans leur ruine, et ils ont eu un malheur égal, après avoir eu un sort moins prospère.

XXXVII. Le long de la côte, on trouve les Cimbres, qui ne sont pas aujourd'hui fort puissants, mais dont la gloire a fait beaucoup de bruit et a porté bien loin leur renommée. On voit encore les marques de leur grandeur sur l'une et l'autre rive du Rhin, dans le vaste espace de leur camp. L'an 640 de la fondation de Rome, sous le consulat de Cecilius Metellus et de Papirius Carbon, nous entendîmes le bruit de leurs armes. Depuis, jusqu'au second consulat de Trajan, il y a deux cent dix ans que nous travaillons à dompter l'Allemagne. Pendant tout ce temps-là, il y a eu des chances diverses et des pertes considérables de part et d'autre. Les Espagnols, les Gaulois, les Carthaginois, les Samnites, les Parthes même ne nous ont pas plus souvent harcelés: car la liberté du Germain est plus redoutable que la puissance des fils d'Arsace. Que peut nous opposer l'Orient, si ce n'est la défaite de Crassus, encore bientôt vengée par la victoire de Ventidius et la chute de Pacore? Mais les Germains ont taillé en pièces cinq armées consulaires, qui avaient à leur tête les Carbons, les Cassius, les Scaurus Aurelius, les Servilius Cepion et les Cn. Manlius. Ils ont enlevé à César Varus avec trois légions; et nos victoires ont été sanglantes. C. Marius ne les a pas impunément défaits en Italie, ni Jules César dans les Gaules, ni Drusus, Néron et Germanicus en Germanie. Ils ont bravé ensuite Caligula et ses menaces impuissantes ; et durant nos guerres civiles, voyant l'occasion favorable pour soumettre les Gaulois, ils forcèrent notre camp. Depuis ils ont été repoussés ; mais, malgré nos vains triomphes, ils n'ont pas été vaincus.

XXXVIII. Parlons maintenant des Suèves. Ce n'est pas une seule nation, comme les Cattes ou les Tenctères. Ils sont composés de plusieurs dont chacune a son nom particulier, et ils occupent la plus grande partie de la Germanie. Ils portent les cheveux relevés et noués par derrière. C'est par là qu'on les distingue des autres Germains, et que parmi eux on reconnaît les gens libres d'avec les esclaves. Tous ceux qui portent leurs cheveux de cette manière dans le reste de la Germanie ne le font qu'à leur imitation, ou pour quelque alliance particulière, et cela ne dure que pendant la jeunesse, au lieu que les Suèves blanchissent sous cet arrangement. Souvent ils se contentent de nouer leurs cheveux sur la tête ; mais les grands y apportent plus d'artifice. Voilà le soin innocent qu'ils prennent de se parer ; mais ce n'est pas pour plaire, c'est pour paraître plus redoutables à leurs ennemis.

XXXIX. Les Semnons se vantent d'être les plus anciens et les plus nobles d'entre les Suèves, et ils prouvent leur antiquité par celle de leur religion. Ils s'assemblent à certains jours dans une forêt vénérable par son ancienneté ; et là, en présence des députés des autres nations, qui se glorifient d'une même origine, ils égorgent un homme, commençant leurs barbares mystères par cet horrible sacrifice. Ce qui redouble la terreur, c'est que personne n'entre dans le bois qu'il ne soit lié, pour marque de sa faiblesse et de la puissance du dieu qu'il adore. S'il tombe, il n'est pas permis de le relever ; il faut qu'il se roule par terre jusqu'à ce qu'il soit hors de la forêt. Le but de cette superstition est de montrer que cet endroit est le domicile du dieu à qui tout doit respect et obéissance. La fortune des Semnons a étendu leur autorité. Ils sont divisés en cent cantons, et par là ils s'estiment les chefs des Suèves.

XL. Les Langobards méritent une mention particulière, à cause de leur petit nombre. Quoique environnés de nations puissantes, ils ne laissent pas de se maintenir, non dans l'esclavage, mais en défendant leur liberté par les armes. Ensuite viennent les Reudigniens, les Avions, les Angles, les Varins, les Eudoses, les Suardons et les Nuithons, qui ont pour remparts des forêts et des fleuves. Tout ce qu'ils ont de remarquable, c'est qu'ils adorent, les uns et les autres, la Terre comme notre mère commune ; et ils l'appellent *Herthe*. Ils croient qu'elle se promène par le monde et qu'elle se mêle des affaires des hommes. Ils ont même, dans une des îles de l'Océan, une forêt qui lui est consacrée, où elle a un chariot couvert, que nul n'ose approcher que son grand prêtre. Il observe le temps qu'elle y entre, et plein de respect, il accompagne son char traîné par deux génisses. Partout où elle passe, on célèbre sa venue par des fêtes et des réjouissances publiques. Il est défendu alors de faire la guerre : chacun resserre ses armes ; la paix et l'oisiveté règnent partout. Lorsque la déesse est ennuyée de la conversation des hommes, le grand prêtre la ramène dans son temple. Alors, et le chariot et la couverture, la déesse même, si on veut les croire, se plonge dans un lac où elle est lavée par des esclaves, qui sont noyés sur-le-champ. De là cette terreur, de là cette sainte ignorance, qui inspirent du respect pour des mystères qu'on ne peut voir sans mourir.

XLI. Les Suèves, dont je viens de parler, habitent le fond de la Germanie. Il y en a d'autres le long du Danube, que je vais suivre maintenant comme j'ai suivi le Rhin. On trouve d'abord les Hermundures, qui sont alliés des Romains : aussi ont-ils le privilége, non-seulement de trafiquer sur notre frontière, comme les autres ; mais d'entrer dans notre pays, sans gardes et sans escorte, jusqu'à la principale colonie que nous avons chez les Grisons. Les autres ne voient que nos camps et nos armées, au lieu que nous ouvrons à ceux-ci, volontairement, nos palais et nos maisons de plaisance. L'Elbe prend sa source dans leur pays. C'est une rivière fameuse, autrefois fréquentée par les Romains, et qui ne leur est connue maintenant que de nom.

XLII. Après les Hermundures, sont les Naris-

ques, et ensuite les Marcomans et les Quades.
Mais les plus puissants et les plus belliqueux sont
les Marcomans, qui ont conquis sur les Boïens, à
la pointe de l'épée, le pays où ils habitent. Les
Quades et les Narisques ne leur cèdent guère pour
la valeur. Voilà le front de la Germanie du côté du
Danube. Les Quades et les Marcomans ont conservé jusqu'à notre temps des rois de leur nation,
de l'illustre sang de Maroboduus et de Tuder.
Maintenant ils obéissent à des étrangers qui sont
sous notre protection ; mais nous les aidons plus
souvent de notre argent que de nos armes.

XLIII. Derrière sont les Marsignes, les Gothins,
les Oses, les Buriens, dont les premiers et les derniers, par leur langage et leur costume, nous représentent les Suèves. Les Gothins parlent l'idiome
des Gaules ; les Oses, celui de la Pannonie ; ce qui
montre qu'ils ne sont pas Germains d'origine,
outre qu'ils payent des impots aux Quades et aux
Sarmates ; et pour comble d'infamie, les Gothins
travaillent aux mines de fer. Tout ce pays est couvert de forêts et de montagnes, qui servent d'ha-
bitation à ces peuples ; car ils ne descendent guère
dans la plaine, et la Suève est coupée en deux par
une chaîne de montagnes, au delà desquelles sont
divers peuples. Les Ligiens sont les plus puissants.
Ils sont divisés en plusieurs cantons ; mais les plus
considérables sont les Ariens, les Hovelcons, les
Manimes, les Élysiens, les Naharvales. Ceux-ci
ont un bois sacré qui est l'objet d'une ancienne
superstition. Le prêtre est vêtu en femme ; la di-

vinité qu'on adore a quelque rapport avec
Castor et Pollux, et s'appelle Alcé. Il n'y a pourtant ni simulacres, ni traces d'une religion étran-
gère. De tous ces peuples, les Ariens sont les plus
puissants et les plus redoutés ; ils usent d'artifice
pour augmenter encore la terreur de leur nom :
ils noircissent leurs corps et leurs boucliers avant
d'aller au combat, et choisissent la nuit la plus
noire ; de sorte qu'ils ressemblent à une armée in-
fernale, dont on ne peut seulement supporter la
vue; car dans toute espèce de guerre les yeux sont
les premiers vaincus. Au delà des Ligiens, sont
les Gothons, sous la domination de rois qui les
tiennent de court un peu plus que le reste des barbares, mais non pas en dehors de toute liberté.
Proche de l'Océan, sont les Rugiens et les Lemo-
viens, peuples aisés à reconnaitre à leurs ron-
daches et à leurs courtes épées, ainsi qu'à leur
respect envers leurs princes.

XLIV. Au delà et dans l'Océan même, sont les
Suyons, peuple puissant sur mer et sur terre. Leurs
vaisseaux sont différents des nôtres ; ils ont deux
proues, pour aborder de tous côtés, et ne portent
point de voiles. Ces peuples ne se servent pas
même de rames à notre manière; ils les transpor-
tent tantôt d'un côté et tantôt d'un autre, comme
cela se fait quelquefois sur les rivières. Ils estiment
les richesses, et ils obéissent à un prince dont l'autorité est absolue et non dépendante. Ils ne sont
pas possesseurs de leurs armes, comme les autres
peuples de Germanie ; mais elles sont enfermées

sous la garde d'un esclave. La mer, qui les environne, les défend de toute surprise, et ils savent que le soldat oisif est sujet à s'oublier. D'ailleurs il n'est pas prudent à un prince de laisser des armes à la disposition d'aucun citoyen, quel qu'il soit.

XLV. Au dela des Suyons, il y a une mer calme et presque immobile, qu'on croit être la limite de la terre de ce côté-là; et l'on en juge ainsi par la lumière du soleil qui se continue depuis son coucher jusqu'à son lever, assez claire pour obscurcir les étoiles. La crédulité ajoute qu'on entend le bruit qu'il fait en se précipitant dans les flots, et qu'on voit les figures des dieux et les rayons qui entourent leurs têtes. C'est là véritablement l'extrémité du monde. Sur la droite de cette mer, son rivage est habité par les Estyens, dont la manière de vivre est semblable à celle des Suèves, mais en diffère pour le langage, qui approche davantage du breton. Ils adorent la mère des dieux; comme symbole de leur superstition ils portent sur eux des figures de sanglier, qui leur tiennent lieu de défense et au moyen desquelles ils s'imaginent n'avoir rien à craindre de leurs ennemis. La plupart n'ont pour armes que des bâtons. Ils sont moins paresseux à cultiver la terre que le reste des Germains. Ils ont même la patience d'aller chercher l'ambre jaune dans la mer, et parmi le sable du rivage. Ils l'appellent *glese;* mais, comme des barbares qu'ils sont, il n'en recherchent ni l'origine, ni la nature, et même, avant que le luxe l'eût mis en crédit parmi nous, ils l'abandonnaient sur

la plage parmi les immondices que la mer rejette
de son sein. Ils ne s'en servent à aucun usage, et
ne savent pas même le mettre en œuvre. Ils le
vendent comme ils le trouvent, et sont étonnés du
prix qu'on leur en donne. Il est assez probable que
l'ambre est une gomme d'arbre qui se durcit, car
on y voit encore des insectes et des moucherons
enfermés, qui ont été pris d'abord dans la matière gluante. Pour moi, je crois qu'il y a des
forêts fécondes en Occident, aussi bien qu'en
Orient, qui distillent des liqueurs précieuses,
comme les autres font le baume et l'encens; le
soleil venant à les durcir, elles tombent dans la
mer voisine, et sont portées par la tempête sur des
côtes étrangères. On en peut juger par la nature
de l'ambre, qui brûle aisément et jette une flamme
épaisse et odoriférante : on peut l'étendre ensuite
comme de la poix et de la résine. Les Sitons suivent les Suyons. Ils sont semblables à leurs voisins, si ce n'est qu'ils obéissent à des femmes ; tant
ils sont éloignés de comprendre non-seulement la
liberté, mais même l'esclavage. Ici s'arrête la des-
cription du pays des Suèves.

XLVI. Je doute si je dois mettre au nombre des
Allemands ou des Sarmates les Peucins, les Vénèdes et les Fennes. Les Peucins, qu'on appelle
aussi Bastarnes, ne demeurent point dans des
maisons : ils ont l'habit et le langage des Germains,
et n'aiment pas plus que ceux-ci le travail et la
propreté : par les alliances de leurs grands avec les
Sarmates, ils ont pris quelque chose des mœurs

de ces peuples. Les Vénèdes aussi ont beaucoup
emprunté de leurs manières ; car ils courent et ra-
vagent tout ce qu'il y a de forêts et de montagnes
entre les Peucins et les Fennes. On les met pourtant au nombre des Germains, parce qu'ils bâtis-
sent des maisons, portent des boucliers, se plaisent
à marcher et à courir, au lieu que les Sarmates ne
vont qu'à cheval et en chariot. Les Fennes sont
extraordinairement sauvages et vivent dans une
honteuse pauvreté. Ils n'ont ni armes, ni chevaux,
ni maison ; ils se couchent par terre, se nourrissent d'herbes, se couvrent de peaux. Toute leur
espérance est dans leurs flèches ; comme ils n'ont
point de fer, ils les arment d'un os taillé en pointe.
Les femmes vivent de la chasse comme les hommes,
et vont après eux pour partager le butin. Leurs
habitations sont construites avec des branches
d'arbres entrelacées ; il n'y a point d'autre retraite
pour les enfants, ni pour les vieillards, ni d'autre
défense contre les injures du temps ou les attaques
des bêtes. Ils trouvent cette existence plus douce
que de cultiver la terre, et de bâtir des maisons,
pour voir sa fortune et celle d'autrui devenir un
sujet éternel d'espérances et de craintes. Ils sont
parvenus à ce point si difficile, de n'avoir pas
même à former un vœu, n'ayant rien à craindre
du côté des dieux, rien du côté des hommes. On
ajoute à cela quelques fables ; par exemple, que les
Hellusiens et les Oxiones ont le visage d'un homme,
et le reste de la bête. N'ayant par vérifié le fait, je
le laisse à décider.

3

MŒURS ET COUTUMES

DES FRANÇAIS

ORIGINE DES FRANÇAIS.

Les Français (1), quoi qu'en disent quelques
auteurs, qui les font ou Troyens ou Scythes d'origine, sont issus de la Germanie ; du reste, on ne
peut dire précisément quelles provinces ils habi-
taient, ni ce que dans ces premiers temps signifiait
le nom de *Français*. Suivant l'opinion la plus générale, c'était un nom commun à plus de vingt
peuples confédérés, lesquels occupaient ce vaste
pays qui s'étend jusqu'à l'Océan, entre le Rhin et
le Weser, c'est-à-dire la Franconie, la Thuringe,
la Hesse, la Frise et la Westphalie d'aujourd'hui.

---

(1) Tacite *De moribus German*, Procope, *De bello Gothico*. Aga-
thias, liv. 1 et 2. Salvien, liv. 4 *De Provid.* ch. 14, et liv. 7, chap. 15.
Du Tillet, page 1. Pasquier, liv. 1, ch. 6 et 7. Vignier, *De l'Origine
des Français*. Isaac Pontam., etc.

D'après ce qu'on en rapporte, ces Français d'au delà du Rhin étaient demi-sauvages ; ils ne vivaient que de leur chasse, de légumes, de fruits, de laitage. Leurs maisons étaient construites en bois, en argile ou en branches d'arbres. Leurs principaux dieux étaient Mercure, Hercule, Mars, Herte ou la Terre ; leurs temples, des parties touffues d'une forêt où ils n'entraient jamais. Leurs prêtres y sacrifiaient non-seulement des animaux, mais quelquefois même des hommes. Ces prêtres étaient les théologiens, les astrologues, les médecins, les juges de la nation ; ils cueillaient en cérémonie le gui de chêne en hiver, et la verveine au printemps. La verveine, à ce qu'ils contaient, chassait les mauvais esprits ; et quand le gui était bénit, il n'y avait ni fièvre, ni plaie, ni maladie qu'il ne guérît.

Tout grossiers qu'étaient ces peuples ; ils se faisaient un plaisir d'exercer l'hospitalité ; chaque maison était une auberge, où le passant était bien reçu ; il y trouvait bonne chère à ses repas, et des présents à son départ.

Ils avaient grand soin de leurs malades, ainsi que de leurs morts. Si l'on brûlait le corps, c'était toujours avec le bois le plus beau qu'on pût trouver ; si l'on inhumait le défunt, c'était avec ses plus beaux habits, ses armes, quelques chevaux de prix, et d'ordinaire un valet pour le servir en l'autre monde.

Il n'y avait chez eux ni or, ni argent ; les payements se faisaient en cuir, en blés, en fruits, en bétail ; ils ne devinrent avides d'argent qu'après qu'ils eurent commencé à piller en deçà du Rhin, vers l'an 260 de J.-C. Plus ces incursions leur réussirent, plus ils les renouvelèrent. Ce métier finit par les enrichir, et d'ailleurs il convenait à leurs goûts; ils se mirent donc plus que jamais à piller par terre et par mer. Il n'y avait point d'Européens qui entendissent mieux la navigation : témoin ce que l'on raconte de quelques-uns de ces pirates, qui, pris en France par les Romains et transplantés en Orient sous le règne de l'empereur Probus, se aisirent de quelques barques, avec lesquelles ils ravagèrent les côtes d'Afrique et de Sicile en 280.

Ces brigandages excitèrent contre les Français la colère des empereurs; peu s'en fallut qu'en 310 Constantin ne les exterminât. Constant eût infailliblement réalisé cette résolution en 342, si la révolte de Magnence, qui venait de prendre la pourpre, ne l'eût appelé ailleurs. Les armes du père, les menaces du fils, celles de l'empereur Julien, ne les continrent pas longtemps. Les circonstances augmentèrent l'avidité et la hardiesse de ces brigands.

Y avait-il plusieurs tyrans qui aspirassent à l'empire, les Français vendaient leurs secours au plus offrant, et changeaient de parti autant de fois qu'il y avait quelque avantage nouveau à espérer. Cette inconstance n'empêcha pas les empereurs de prendre confiance en eux, et d'en élever quelques-uns aux premières charges de l'empire. Sous Constance, sous Valentinien, sous Gratien, sous Théodose, sous Arcade et sous Honorius, on en voit de grands trésoriers, maîtres de la milice, préfets du prétoire, patrices et consuls (1); mais tandis que ceux-ci défendaient l'empire romain, d'autres Français le désolaient par leurs incursions. Ils continuèrent à en faire pendant plus de cent cinquante ans, sans autre dessein que de piller. Le désir d'envahir la Gaule ne leur vint que de ce qu'ils la virent comme abandonnée des Romains. La plupart des barbares, Alains, Suèves, Gépides, Vandales, l'avaient ravagée en passant. Les Goths et les Bourguignons venaient de s'y établir; ceux-ci vers les Alpes, ceux-là vers les Pyrénées.

Ces établissements redoublèrent l'ardeur des Français. Le reste de ce beau pays leur coûta peu à conquérir, tant il était ruiné et mal défendu. Ce fut Pharamond, à ce qu'on dit communément, qui commença cette conquête l'an 418 ou 420. Clodion l'étendit jusqu'à la rivière de Somme; Mérovée, jusqu'à la Seine; Childéric, jusqu'à la Loire, et Clovis jusqu'aux Pyrénées. Il ne faut pas conclure de là que ces anciens Français fussent fort habiles dans la guerre; il est certain au contraire qu'ils n'en avaient qu'une médiocre connaissance, et que leur principal mérite en ce genre était une impétuosité aveugle et irrésistible. C'étaient des gens fort braves et peu entendus, qui eurent affaire à des ennemis encore plus ignorants ou moins courageux.

(1) Mellobade, Arbogaste, Ricomer, Gaïse, etc.

Les vainqueurs partagèrent entre eux les terres des vaincus ; je veux dire celles qui avaient appartenu, soit aux Romains, soit aux Visigoths, soit à ceux d'entre les Gaulois qui avaient embrassé le parti des uns ou des autres. Leur roi prit pour lui les principales de ces terres ; les officiers, tant grands que petits, en eurent d'autres à proportion des services qu'ils avaient rendus ; les soldats eurent aussi leur part au butin, aux terres, aux impôts. On ne leva des impôts que sur les Gaulois ; les Français ne payaient que de leurs personnes.

Les troupes victorieuses s'établirent dans les provinces, et y observèrent assez longtemps la même discipline qu'elles avaient eue dans le service. Tous les ans elles se rassemblaient, tant pour être passées en revue que pour tenir les peuples en respect ; cette revue se faisait, sous la première race, le premier jour du mois de mars ; et depuis le règne de Pepin, le premier jour de mai.

L'année française commençait, du temps des Mérovingiens, le jour de cette revue, elle datait ordinairement de Noël sous le règne des Carlovingiens ; et sous les Capétiens, de Pâques. C'est Charles IX qui ordonna en 1564 qu'à l'avenir l'année civile commencerait invariablement au 1er janvier. Cette différence du commencement de l'année civile (1) est une cause continuelle de

(1) Voyez du Cange, *Glossaire de la moyenne et de la basse latinité,* au mot *Annus.*

difficultés pour fixer avec précision la date des événements.

Tous les Français se trouvaient à cette assemblée ; tous y venaient armés. Leurs armes étaient la hallebarde, la massue, la fronde, le maillet, l'angon, la hache, l'épée. La hache se lançait de près, l'angon se dardait de loin ; le fer de ce javelot ressemblait à une fleur de lis. Les Français étaient si agiles, qu'ils tombaient sur leur ennemi presque aussitôt que le trait qu'ils lançaient sur lui ; leurs épées étaient si larges et l'acier en était si fin, qu'elles coupaient un homme en deux. Pour armes défensives, ils n'avaient que le bouclier, fait d'un bois léger et poli, et couvert d'un bon cuir bouilli.

A l'occasion de ces revues qui se faisaient en pleine campagne, il se tenait au même endroit une diète de toute la nation. Le roi et ses officiers ne manquaient pas de s'y trouver ; ces officiers étaient le maire de son palais, l'apocrifiaire ou aumônier, le chambellan, le connétable, le boutellier et le référendaire. Le maire du palais était plus que n'est aujourd'hui le grand vizir parmi les Turcs ; le chambellan donnait les ordres dans la chambre du roi, l'apocrifiaire dans la chapelle, le connétable dans les écuries, le boutellier était chargé de tout ce qui regardait la bouche, et le référendaire de l'expédition des lettres. Ce n'a été qu'après un long temps que ces domestiques du roi sont insensiblement devenus officiers de la couronne ; ils ne l'étaient pas encore du temps de Philippe-Auguste.

A ces assemblées du *Champ de Mars* ou *de Mai* (c'est ainsi qu'on les appelait, parce qu'elles se tenaient en rase campagne, à l'une ou l'autre de ces époques) étaient mandés tous les évêques et les abbés les plus puissants. Depuis que les Français furent les maîtres de la Gaule, les évêchés étaient plus brigués que jamais ; la plupart des seigneurs gaulois se jetaient dans l'Église comme dans un asile, de peur qu'on ne les soupçonnât de cabaler contre l'État ; d'ailleurs les évêchés étaient si riches, ils conféraient un si grand pouvoir, qu'on quittait les plus beaux emplois pour entrer dans la prélature, parce qu'on y trouvait de l'honneur, des richesses et de l'autorité. Vaimire, duc de Champagne, et général d'armée sous le règne de Thierry Ier, demanda l'évêché de Troyes pour récompense de ses services, et eut peine à l'obtenir. Les premiers rois français, soit pour paraître bons chrétiens, soit par estime pour les prélats, ne leur refusaient presque rien.

Les grandes abbayes ne donnaient guère moins de crédit ; les Français les fondèrent sans qu'il leur en coûtât beaucoup ; on cédait à des moines autant de terres incultes qu'ils pouvaient en mettre en valeur. Ces troupes pénitentes, ne s'étant point données à Dieu pour mener une vie oisive, travaillaient de toutes leurs forces à dessécher, à défricher, à bâtir, à planter ; moins pour en être plus à leur aise (ils vivaient dans une grande frugalité) que pour en soulager les pauvres. Le Ciel favorisa de ses plus douces influences des terres

labourées par des mains si pures : ces lieux arides
et déserts devinrent agréables et fertiles. Il y avait
des abbés si riches, qu'ils pouvaient mettre une
petite armée sur pied ; ce qui fit qu'on les invita
aux assemblées du Champ de Mars.

Les ducs et les comtes y étaient aussi tous mandés. Les ducs étaient gouverneurs des provinces,
et les comtes gouverneurs des villes ; ces dignités
romaines, créées par les empereurs, furent abolies
par les Vandales, par les Goths et les Bourguignons, dans les lieux où ils s'établirent. Les Français, au contraire, pour flatter le peuple gaulois,
accoutumé depuis longtemps à cette forme de gouvernement, se firent un point de politique de ne
rien y changer, et divisèrent toute la Gaule en
duchés et comtés.

Les ducs et comtes français avaient, comme les
Romains, chacun dans son territoire, l'inten-
dance de la guerre, des finances et de la justice.
Ces dignités n'étaient que des commissions que le
roi donnait pour un temps, souvent d'après
le choix des peuples, à qui, par grâce, il permettait de lui nommer le duc ou le comte qu'ils
estimaient le mieux instruit des coutumes de leur
pays.

Si quelqu'un de ces officiers avait manqué à son
devoir, c'était dans les diètes ou assemblées générales qu'on lui faisait son procès ; les reines
mêmes y étaient jugées. Brunehaut y fut condam-
née par les grands de la nation, en 614, à un
supplice aussi étrange que cruel. Tout sage et tout

modéré qu'était Clotaire II, il la sacrifia, contre
ses propres intérêts, au désir imprudent de se
venger de quelques injures qu'il disait avoir reçues : les hommes les plus retenus ne se possèdent
pas toujours.

Les prélats, les abbés, les ducs et les comtes, qui
se trouvaient aux assemblées, y faisaient des présents au roi, en argent, en meubles, en chevaux.
Depuis que sous Thierry Ier les maires se furent
saisis des rênes du gouvernement, vers l'an 687, il
ne resta, selon nos vieux auteurs (1), aux rois de
la première race que le nom de roi et que l'honneur de présider aux assemblées générales, où ils
recevaient à l'ordinaire les présents qui s'y faisaient
aux rois ; ces dons s'appelaient *gratuits*, parce
qu'au commencement ils avaient été volontaires ;
depuis on les exigea, et l'on n'en exemptait personne.

C'était dans ces diètes qu'on faisait de nouvelles
lois, et qu'on délibérait de la guerre et de la paix,
et généralement sur tout ce qui concernait l'état
de la nation. Le roi ou son maire faisait la proposition, l'assemblée délibérait, et tout s'y décidait
à la pluralité des voix.

C'était là qu'on donnait des tuteurs aux enfants
du roi, quand, avant de mourir, il ne leur en avait
pas nommé ; tant que les mères des rois pupilles
se sont trouvées assez habiles, non-seulement
pour les élever, mais pour gouverner le royaume,

(1) Frédégaire.

elles ont toujours été régentes. Frédégonde le fut sous Clotaire II, Bathilde sous Clotaire III; et avant elles, Brunehaut sous son fils Childebert II, sous Thierry, fils de Childebert, et sous les enfants de Thierry.

C'était là qu'on faisait le partage de la succession, c'est-à-dire de tous les trésors et des États du roi défunt, quand il n'y avait pas pourvu. Les enfants légitimes et les non légitimes succédaient tous également, si le père le voulait ainsi. Thierry, fils naturel de Clovis Ier, succéda à son père dans une partie de ses États; et parce qu'il était l'aîné, il eut même une part plus forte que ne fut celle des trois fils que Clovis laissa de sa femme.

C'était encore dans ces diètes qu'on fixait le jour et le lieu pour proclamer le nouveau roi. Son inauguration consistait dans les premiers temps à le porter sur un pavois, c'est-à-dire sur un bouclier, trois fois à l'entour du camp, ou à lui mettre à la main l'épée, la lance ou la hache du roi son prédécesseur. Gontran, roi de Bourgogne, adoptant son neveu Childebert, en l'an 581, lui mit sa lance à la main pour le désigner comme son successeur. On fit dans la suite plus de cérémonie à l'installation des rois.

Le trône placé sur un théâtre à la vue de tout le monde, le prince allait s'y asseoir, comme pour en prendre possession, revêtu de l'habit royal, portant un sceptre à la main et une couronne sur la tête. Le trône, ou siége royal, n'avait ni bras, ni dossier, pour apprendre au nouveau roi qu'il devait se soutenir lui-même et ne s'appuyer sur personne. L'habit royal était un manteau carré, tout blanc ordinairement, quelquefois mi-parti · de bleu, long par devant jusqu'aux pieds, traînant beaucoup par derrière, et descendant sur les côtés à peu près jusqu'à la ceinture. Dans une mosaïque faite du temps de Charlemagne, laquelle se voit encore à Rome dans l'église de Sainte-Suzanne, ce prince est représenté avec un manteau royal de la forme que je dépeins, et à genoux devant saint Pierre, qui lui met à la main un étendard semé de roses.

Le sceptre, ou bâton royal (1), était une verge d'or, presque toujours de la hauteur du roi, et courbée comme une crosse; assez souvent, au lieu de sceptre, il portait une palme à la main; sa couronne était quelquefois à rayons, pareille à celle des empereurs; quelquefois c'était un bandeau (2) enrichi de deux rangs de perles, ou un bonnet fort élevé, fait à peu près comme une tiare, autour duquel le nom du prince était inscrit en gros caractères, formés de petits clous d'or.

Ce n'était pas seulement dans leur installation, mais encore dans les cours plénières, que nos anciens rois portaient un sceptre à la main et une couronne sur la tête. On appelait cours plénières de magnifiques assemblées qui se tenaient à Noël

---

(1) Monach. Sangal, liv. 1, ch, 36.
(2) Voyez du Cange, *Histoire de saint Louis*, Dissertation XXIVᵉ.

et à Pâques, ou à l'occasion d'un mariage, ou dans toute autre circonstance extraordinaire et heureuse, tantôt dans un de leurs palais, tantôt dans quelque grande ville; quelquefois en pleine campagne, toujours en un lieu commode pour y loger les grands seigneurs. Tous étaient invités à cette assemblée et obligés de s'y trouver; la plupart n'y allaient qu'à regret, tant à cause de la dépense dans laquelle ce voyage les engageait, que parce que, plus ils affectaient de vivre chez eux en souverains, plus on s'étudiait à la cour à les humilier et à les tenir dans le respect.

La fête (1) commençait par une messe solennelle, pendant laquelle le célébrant, qui était toujours un évêque, assisté des autres prélats, tous en habits pontificaux, mettait au roi, avant l'épître, une couronne sur la tête. Le roi ne quittait cette couronne qu'en se couchant, il l'avait à table et au bal; il mangeait en public, dans un lieu un peu élevé pour être vu de tout le monde. A sa table étaient les évêques et les ducs les plus distingués; à d'autres étaient les abbés, les comtes et autres seigneurs. Ces tables étaient servies avec plus de profusion que de délicatesse. Devant chaque service qu'on portait sur celle du roi, marchaient des flûtes et hautbois et quantité d'officiers; à l'entremets vingt hérauts d'armes, rangés en rond devant la table, et tenant chacun à la main une coupe pleine d'or et d'argent, criaient trois

(1) Du Cange, *Histoire de saint Louis*, Dissertation IVᵉ.

foix à haute voix : « Largesse du plus puissaut
des rois ! » après quoi ils semaient l'argent ; tandis que le peuple le ramassait avec de grands cris
de joie, les trompettes jouaient des fanfares. Ce
tumulte ne laissait pas d'avoir quelque chose de
grand.

Il y avait, l'après-dinée, pèche, jeu, chasse,
danseurs de corde, plaisantins, jongleurs, pantomimes. Les plaisantins faisaient des contes ; les
jongleurs jouaient de la vielle, c'était dans ces
premiers temps l'instrument le plus estimé ; les
pantomimes, par leurs gestes, représentaient des
comédies, et les représentaient si bien, qu'on y
prenait plus de plaisir qu'aux comédies véritables.
Il y avait de ces bouffons qui instruisaient des
chiens, des singes, des ours, à prendre les mêmes
postures, et qui leur faisaient jouer une partie de
leurs pièces. D'après ce qu'on en rapporte, ces
bateleurs français excellaient à tel point dans leur
art, que je ne sais si les mimes et les pantomimes
des anciens eussent eu l'avantage sur eux. Une
dépense considérable de ces assemblées était d'y
faire venir toutes sortes de charlatans. La fête
n'était bonne qu'autant qu'il y en avait ; c'était
tellement l'usage, que l'empereur Louis le Débonnaire, quelque aversion qu'il eût pour les plaisirs
et les spectacles, était obligé non-seulement d'appeler à ces fêtes des acteurs de tout genre, mais
encore de se trouver, par complaisance pour le
peuple, aux pièces qu'ils représentaient.

Pendant sept ou huit jours que durait une cour

plénière, on n'y était pas si occupé de bonne chère et de spectacles, qu'on n'y parlât aussi d'affaires : c'était là que les commissaires qu'on envoyait dans les provinces pour informer des mœurs et de la conduite des juges, en faisaient leur rapport au roi. Si le peuple doit fidélité et obéissance à son prince, le prince est tenu de son côté de rendre la justice au peuple : c'est la première fonction des rois, il n'y a rien d'ailleurs qui affermisse davantage leur domination ; volontiers on s'attache aux princes qui maintiennent le repos public, et qui empêchent le fort d'opprimer le faible et le pauvre. Clovis, qui était habile, n'eut pas plutôt conquis la Gaule, que, pour gagner l'affection et l'estime des habitants, il embrassa leur religion, les laissa vivre selon leurs mœurs, et eut soin de leur faire rendre une justice exacte.

Chacun était jugé selon les lois de son état et par les gens de sa profession ; le clergé selon les canons, les Gaulois selon le droit romain, les Français selon la loi salique ; le clergé par des gens d'Église, la milice par des gens de guerre, les nobles par des gentilshommes : à l'égard du peuple (1), il était jugé, dans les bourgs et dans les villages, par des juges appelés centeniers, et par les comtes dans les villes. On ne savait sous Clovis, sous Pépin, sous Hugues Capet, ni plus de trois cents ans après, ce que c'était que gens de

---

(1) Du Cange, *Glossaire*, aux mots *Judex*, *Assissa*, *Placitum*, et dans la Dissertation des *Plaits* de la Porte, *Histoire de saint Louis*.

robe. Les juges laïcs étaient tous d'épée ; ils n'é-
taient juges que pour un temps. Ils ne pouvaient
acquérir de bien dans le district dont ils étaient
juges ; et quand on les révoquait, ce qui arrivait
assez souvent, il fallait, avant de partir, qu'ils sa-
tisfissent pleinement aux plaintes qui existaient
contre eux.

Ils tenaient leurs assises dans un champ, dans
un cimetière, aux portes des villes ou des églises,
dans une rue, sur un rempart, toujours en un lieu
public, où les parties pussent avoir un accès libre
et facile. Chacun plaidait sa cause : celles des pauvres et des veuves étaient appelées les premières.
On ne pouvait rien juger contre eux, qu'on n'en
eût averti l'évêque, parce que les pauvres étaient
de la famille de l'Église, et les veuves sous sa protection. Le pouvoir des prélats était si grand dans
le royaume, sous les rois des deux premières races
et sous les Capétiens, même jusqu'au règne de
Philippe IV, dit le Bel, que leur intercession sau-
vait la vie aux criminels. Quoiqu'une affaire fût com-
mencée dans un tribunal séculier, on pouvait la
porter au leur, et contraindre la partie adverse
d'en passer par leur jugement. Ce privilége était
fondé sur une loi (1) de Constantin ; Charlemagne
la renouvela ; son fils Louis le Débonnaire la fit
observer dans sa rigueur. Cet usage durerait encore, à l'avantage du public, si, contre les termes

(1) Cette loi est rapportée dans les Capitulaires, et à la fin du
Code Théodosien, dans l'appendice du Père Sirmond sur ce code.

de la loi, on n'en eût éludé l'effet, en souffrant
dans la suite qu'on appelât à l'archevêque, au pri-
mat, et quelquefois au pape.

Bien des causes avaient contribué à établir et à
étendre la juridiction des prélats : le crédit que
donne leur place, le respect qu'on avait pour eux,
leur vertu extraordinaire, et leur capacité beaucoup plus grande en ce temps-là que n'était celle
des séculiers, qui ne savaient la plupart ni lire ni
écrire ; cette juridiction, nommée Cour de Chrétienté, embrassait toute sorte d'affaires. L'évêque,
par son official, ou par lui-même quand il voulait,
connaissait de toutes les choses où l'Église avait
intérêt ; il connaissait de plus des marchés faits
avec serment, des mariages, des testaments, des
sacriléges, du parjure, de l'adultère, et généralement de toutes les actions où il peut y avoir du
péché.

Le crédit des papes qui soutenaient cette juridiction étant venu à diminuer, les évêques qui
l'exerçaient n'ayant plus la réputation de leurs
prédécesseurs ; d'un autre côté, la noblesse s'étant
ennuyée d'être soumise, comme le peuple, à la
censure des prêtres ; enfin, les laïcs s'étant appliqués à l'étude des lois pour participer au profit
que rapportent ordinairement les affaires liti-
gieuses, la juridiction séculière a tellement pris le
dessus, qu'elle a presque absorbé celle des évêques.
Ce changement arriva tard ; pendant plus de mille
ans, ni duc, ni comte, ni centenier, n'eût osé em-
piéter sur la justice de l'Église.

Le pouvoir de ces juges laïcs était fort borné
sous le règne des rois des deux premières races.
Le centenier ne pouvait condamner à mort ; le
comte ne le pouvait qu'en de certaines circonstances, et le duc ne le faisait jamais qu'avec de
grandes précautions. Pour veiller sur eux tous ,
on envoyait de temps en temps des commissaires
dans les provinces, jamais moins de deux ensemble ; le premier était un prélat ; le second, un duc
ou un comte ; leur principal emploi était d'écouter
les plaintes , et d'en faire leur rapport au roi : de
quelque juge que ce fût , on ne pouvait appeler
qu'au roi : si l'appel était fondé , le juge était res-
ponsable des dommages, frais et intérêts ; dans le
cas contraire, l'appelant était condamné à l'amende
s'il était noble, au fouet s'il ne l'était pas.

Les rois se faisaient honneur de rendre eux-
mêmes la justice. Clovis , Childebert , Gontran ,
Chilperic , Clotaire II , la rendaient souvent en
personne. Les rois donnaient audience à la porte
de leurs palais, et quand ils ne le pouvaient pas,
deux de leurs officiers recevaient les placets du
peuple , et répondaient sur-le-champ , si l'affaire
ne méritait pas une plus ample discussion ; outre
ces maîtres des requêtes, il y avait dans le palais
un comte-juge qui connaissait de toute affaire con-
cernant l'État, le roi ou le public. On voit dans
Grégoire de Tours (1) un Concilion comte du pa-

_____

(1) Liv. 5, chap. 19 ; liv. 9, ch. 12, et dans les *Gestes de Dago-*
bert.

lais sous Sigebert, roi d'Austrasie ; un Trudulphe sous Childebert II ; Tassillon sous Dagobert ; Aigulphe sous Clovis II. Ce comte avait pour conseillers des gens d'épée comme lui, qu'on nommait échevins du palais. Quand le roi, assisté d'évêques, d'abbés et de ducs, présidait à ce tribunal, le comte faisait le rapport, et le roi recueillait les voix. Dans les *Formules* de Marculphe (1), il y en a une d'un jugement tel que le roi doit le prononcer, sur le rapport du comte.

Dans tous ces tribunaux régnait une jurisprudence qui semblait moins punir le crime que l'autoriser. Il y a longtemps qu'on a dit qu'il est aussi dangereux d'épargner le sang criminel que d'en répandre d'innocent. Quelque crime qu'on eût commis (il n'y avait d'excepté que le crime d'État), il n'en coûtait que de l'argent ; la loi salique avait réglé ce qu'on devait donner au roi pour l'amende, et à la partie pour la réparation. La vie d'un évêque était à neuf cents sous d'or, celle d'un prêtre à six cents, celle des laïcs à beaucoup moins (2). Le sou d'or, dans ces premiers temps, valait de notre monnaie huit livres sept sous six deniers.

Difficilement faisait-on le procès à quelque coupable que ce fût, vu le grand nombre de témoins que la loi demandait pour le condamner ; il en fallait soixante-douze contre un évêque, quarante

(1) Liv. 2, ch. 25.
(2) Baluze, *Capitul.*, tom. 1, page 387.

contre un prêtre, plus ou moins contre les laïcs, selon l'importance du cas ou le mérite de la personne. Le témoin, s'il était laïc, n'était point entendu sans qu'il fût domicilié dans le lieu où il déposait ; avant de l'interroger, le juge lui tirait l'oreille (1) ou lui donnait un petit soufflet, pour l'avertir de prendre garde au témoignage qu'il allait rendre. Quand on manquait de preuves, si l'accusation était grave, il fallait en venir au combat ; si elle ne l'était pas, tout accusé était tenu de se purger de l'accusation, du moins par serment (2) : il n'y était reçu qu'en faisant jurer avec lui des gens de sa profession, de son sexe, de sa parenté, ou du moins de son voisinage, tous dignes de foi, domiciliés et connus de l'accusateur.

Le juge en fixait le nombre, il pouvait les nommer d'office ; on les tirait quelquefois au sort ; c'était ordinairement l'accusé qui les présentait ; et rarement en laissait-on le choix à l'accusateur. Ce nombre était plus ou moins grand, selon l'importance du cas, ou selon les présomptions qui existaient contre l'accusé. Gontran, roi de Bourgogne (3), doutant véritablement ou faisant semblant de douter que son frère Chilpéric fût père de Clotaire II, Frédégonde, mère de Clotaire, non-seulement jura que son fils était légitime, mais fit jurer la même chose par trois évêques de ses amis

(1) Du Cange, au mot *Auris*.

(2) *Id.*, au mot *Juramentum*.

(3) Grégoire de Tours, liv. 8, chap. 9.

et par trois cents autres témoins, quoiqu'elle seule connût ce qui en était. Gontran n'osa plus douter que Clotaire ne fût son neveu, après que tant de témoins avaient fait les plus grands serments pour le lui assurer.

Le serment se faisait dans une église, à certains jours, à jeun, et avant midi, sur une croix, sur un autel, sur le livre des Évangiles, sur le canon de la messe, sur une châsse, sur un reliquaire, ou sur le tombeau d'un saint; tandis que les témoins touchaient l'autel ou la croix, sur quoi on faisait serment, l'accusé étendait ses mains sur les leurs, et protestait à haute voix qu'il n'était point coupable de ce qu'on lui imputait; moyennant ces cérémonies qui faisaient souvent des parjures, on était déchargé de l'accusation, pourvu que l'accusateur n'insistât pas de son côté pour faire preuve du contraire; car si les témoins juraient que l'accusé était criminel, il fallait en venir au combat : étrange manière de décider de l'innocence et de la fortune des hommes! le plus fort ou le plus adroit était, selon cette loi, celui qui avait raison.

Cette coutume venait du Nord, où les procès se terminaient par les armes ou à l'amiable; de là elle avait passé en Allemagne, en France, en Bourgogne, et successivement dans tout le reste de l'Europe. Était-on accusé de meurtre, de vol, de trahison, on ne pouvait laver cette tache que dans le sang de son ennemi. Arrivait-il une dispute sur la propriété d'un fonds ou sur l'état d'une personne, pour peu que de part et d'autre le droit ne fût pas bien clair, on choisissait deux champions pour soutenir le pour et le contre. Les docteurs allemands consultés par Othon Ier, vers l'an 968, pour savoir si en succession directe la représentation devait avoir lieu, furent de différents avis ; alors il nomma deux braves qui se battirent en sa présence pour décider ce point de droit. L'avantage étant demeuré à celui qui soutenait la représentation, l'empereur ordonna qu'elle aurait lieu à l'avenir, et que les petits-fils conséquemment succéderaient aux biens de l'aïeul, avec leurs oncles et leurs tantes. Les Français, au commencement de leur établissement dans les Gaules, faisant tous profession des armes, cette coutume n'eut pas grand'peine à s'introduire parmi eux ; elle s'y est maintenue pendant près de douze siècles ; et de tous les peuples de l'Europe chez qui ces sortes de combats étaient aussi en usage, les Français ont toujours été les plus exacts à en observer les prescriptions.

Avant d'en venir aux mains (1) il fallait qu'il y eût sentence autorisant le combat. Quand le juge avait prononcé, l'accusé jetait un gage (d'ordinaire c'était un gant) ; ce gage de bataille était relevé par le juge, et quelquefois par l'accusé, avec la permission du juge : ensuite les deux combattants étaient envoyés en prison, ou mis

---

(1) Pasquier, liv. IV. de ses *Recherches*, ch. 1, 2, 3. *Glossaire de* du Cange, au mot *Duellum.*

sous la garde de gens qui en répondaient. Celui
des deux qui s'enfuyait était déclaré infâme, et
convaincu d'avoir commis le crime qu'on lui imputait. Les gages reçus, l'accusé et l'accusateur ne
pouvaient plus s'accommoder que du consentement du juge; ils ne l'obtenaient qu'avec peine,
et jamais sans payer l'amende que le seigneur
avait droit de prendre sur la succession du vaincu.

C'était le juge ou le seigneur qui fixait le jour
du combat; c'étaient eux qui étaient tenus de préparer le champ et de donner aux combattants des
armes convenables: si le combat se faisait à pied,
les champions ne pouvaient avoir qu'une épée et
un bouclier; s'il se faisait à cheval, on les armait
de toutes pièces. Ces armes étaient portées au son
des fifres et des trompettes par le juge au milieu
du champ, et là bénites par un prêtre avec de grandes cérémonies. Avant de s'approcher, les combattants juraient qu'ils n'avaient sur eux aucun charme
et qu'ils se comporteraient en loyaux et preux
chevaliers : ensuite les parrains leur ceignaient
l'épée, et d'autres personnes leur présentaient,
l'un le cheval, l'autre la lance; enfin, par un cri
public, les hérauts défendaient au peuple de s'abs-
tenir de tout signe de tout bruit, et de favoriser
en quelque manière que ce fût l'un ou l'autre des
combattants.

L'engagement commençait par force démentis
que se donnaient les champions; puis, les trompettes ayant sonné, ils en venaient aux mains.
Après qu'ils s'étaient donné le nombre de coups

de lance, d'épée ou de dague, qui étaient marqués dans le cartel, les juges du combat jetaient en l'air une baguette pour avertir les champions que le combat était fini ; s'il durait jusqu'à la nuit avec un succès égal, l'accusé était réputé vainqueur ; la peine du vaincu était celle qu'eût méritée le crime dont on l'accusait. Si le crime méritait la mort, le vaincu était désarmé, traîné hors du champ et exécuté aussitôt. Il n'y avait que les ecclésiastiques, les malades, les infirmes, les jeunes gens au-dessous de vingt ans et les hommes au-dessus de soixante, qui fussent dispensés du combat ; tous les autres étaient obligés, ou de combattre en personne, ou de mettre un homme en leur place.

On appelait champions ces braves de profession qui, moyennant une forte somme, entraient en lice pour un autre. Si le crime dont il s'agissait méritait une peine capitale, le champion qui succombait était sans forme de procès mis à mort le moment d'après avec l'accusateur ou l'accusé qui l'employait. Gontran, roi de Bourgogne, ayant vu dans une forêt un buffle ou taureau sauvage nouvellement tué, s'en prit au garde du bois, qui en accusa un chambellan. Le chambellan niant le fait, Gontran voulut que la querelle se décidât par le combat, et obligea le chambellan, qui était âgé et infirme, à mettre un homme en sa place. Le champion du chambellan fut un de ses neveux, qui, voulant désarmer le garde après l'avoir blessé à mort, s'enferra lui-même sur le poignard de son

ennemi : le neveu mort, l'oncle s'enfuit; mais on
courut après lui, et par ordre du roi il fut lapidé
sur-le-champ (1). Si l'on voulait voir plus de détails sur les différentes formalités qu'on gardait
anciennement dans la preuve par le combat, on
n'aurait qu'à lire l'édit exprès que Philippe le Bel
rendit sur cette matière en 1306.

Une autre manière de justifier son innocence
était de toucher un fer qu'on faisait plus ou moins
rougir, selon l'énormité du crime ou selon les
présomptions qu'il y avait contre l'accusé; ce fer
était bénit et gardé fort soigneusement par les ecclésiastiques, qui avaient droit d'en avoir un : c'é-
une distinction aussi utile qu'honorable (2); car,
avant de toucher ce fer, on payait une somme à
l'église à laquelle il appartenait. La preuve par le
fer était la preuve des nobles, des prêtres et autres
gens libres, qu'on dispensait du combat; trois
jours auparavant, on jeûnait et on faisait absti-
nence.

Le jour de la preuve, l'accusé entendait la
messe, et avant d'y communier il protestait à
haute voix qu'il était innocent du crime dont on
l'accusait; la messe finie, les prêtres, chantant
d'un ton lugubre, le conduisaient fort lentement
à l'endroit de l'église destiné à faire ces preuves.
L'accusé, en y arrivant, baisait le livre des Évangiles, il y buvait de l'eau bénite; on lui en jetait
sur le visage, sur la tête, sur ses habits et plus

(1) *Glossaire* de du Cange, au mot *Duellum.*
(2) *Ibid.*, aux mots *Ferrum, Aqua, Judicium*, etc.

encore sur la main dont il devait toucher le fer.
Ce fer était un gantelet dans lequel on fourrait la
main, ou une barre plus ou moins grosse ; l'accusé
soulevait cette barre, une, deux ou trois fois,
selon que portait l'arrêt, puis mettait sa main
dans un sac qu'on fermait hermétiquement. Le
juge et la partie apposaient leurs sceaux sur le
sac, et les ôtaient trois jours après ; si la main de
l'accusé n'offrait aucune brûlure, il était renvoyé
absous ; si elle en portait des traces, il était déclaré coupable.

La preuve par l'eau bouillante, dans laquelle
on plongeait la main, se faisait aussi dans l'église,
avec les mêmes cérémonies. La preuve par l'eau
froide, regardée comme celle du menu peuple, se
faisait d'une façon plus simple. Après quelques
oraisons qu'on disait sur le patient, on lui liait les
pieds et les mains avant de le jeter à l'eau : s'il
surnageait, on le traitait en criminel ; s'il enfon-
çait, il était réputé innocent.

Ces cruelles épreuves, quelque incertaines
qu'elles fussent, ne laissaient pas d'être appelées
les *jugements de Dieu*. Gontran, roi de Bourgogne, accusait un ambassadeur de Childebert,
roi d'Austrasie, d'être traître à son maître et peu
fidèle à ses amis. « Si tout autre qu'un roi osait
me faire ce reproche, lui répondit l'ambassadeur,
nous nous battrions sur le champ, *et Dieu en déci-
derait.* » Ces sortes de combats, dont notre histoire est remplie, n'y sont point appelés autrement que les jugements de Dieu, parce que le

peuple s'imaginait que Dieu eût fait un miracle
plutôt que de jamais permettre que l'innocence
succombât. Cette prévention, quoiqu'elle n'eût
aucun fondement, fut un des grands obstacles
qu'on trouva à abolir des usages si peu raisonna-
bles. Le concile de Latran, tenu en 1215 sous le
pape Innocent III, défendit aux évêques de souffrir qu'on fît dans l'église la preuve par le fer ar-
dent ou par l'eau froide ou bouillante.

La preuve par le combat fut permise plus longtemps en France, parce qu'elle était plus conforme
à l'esprit de la nation. En 1386, la dame de Carouge s'étant plainte à son mari que, pendant qu'il
était absent, un gentilhomme nommé le Gris avait
outragé sa pudeur, et le Gris le niant fortement,
il y eut arrêté du parlement qui ordonna que le
mari, quoiqu'il relevât de maladie, se battrait
contre le Gris (1). Le Gris fut terrassé, et supplicié
quelques moments après, niant jusqu'au bout
d'avoir surpris et insulté la dame de Carouge. En
effet ce n'était pas lui, mais un autre homme du
voisinage qui l'avoua au lit de la mort. François Ier
permit aussi trois duels. Le dernier qui se soit
fait dans toutes les formes anciennes fut celui de
Chabot-Jarnac et de Vivonne la Châtaigneraie,
qui, le 16 juillet 1547, se battirent à Saint-Ger-
main-en-Laye, en présence de Henri II et de toute
la cour ; Henri fut si fâché de ce que Vivonne avait
été vaincu, qu'il fit serment qu'à l'avenir il ne
permettrait plus de duel.

---

(1) Juv. des Ursins, *Histoire de Charles VI.*

Ces preuves par le fer, par l'eau ou par le combat, étaient des restes de paganisme, et d'un paganisme barbare, tel qu'était celui des Français lorsqu'ils passèrent dans la Gaule, non plus pour la ravager, comme ils faisaient depuis cent ans, mais pour y fixer leur demeure. La religion chrétienne fut longtemps à polir leurs mœurs, et ils furent longtemps à embrasser tous cette religion ; il n'y en eut guère que trois mille qui se firent baptiser avec Clovis, le reste se convertit tard et sous le règne de Charlemagne. Plus de trois siècles après, il y avait encore des idolàtres parmi eux ; ceux mêmes qui furent baptisés, ou avec Clovis, ou quelque temps après, ne laissèrent pas de conserver quantité de pratiques et de superstitions païennes ; témoin cet usage (1), aussi ridicule que vain, de ne rien faire d'important sans consulter ou les devins, ou les entrailles d'une bête, ou bien le vol des oiseaux ; témoin l'aveugle confiance qu'ils avaient aux enchantements, aux sortiléges, aux phylactères ; témoin la fète des *Fous*, je veux dire ces réjouissances, aussi impies qu'extravagantes, qui se faisaient dans l'église le premier jour de l'an (2) ; témoin encore les festins qu'on faisait à l'honneur des morts, et l'appareil profane des funérailles des grands seigneurs ; coutumes qui sous Charles VI (3) n'étaient point encore abolies. Au

(1) *Capitul.* par Baluze, tom. 1, p. 150.

(2) *Glossaire* de Du Cange, au mot *Kalenda.*

(3) Juv. des Ursins, *Histoire de Charles VI.*

service pompeux qu'il fit faire à Saint-Denis au
connétable du Guesclin, en 1389, le célébrant
quitta l'autel et interrompit les mystères, pour
aller, en mitre et chasuble, à la porte du bas du
chœur, recevoir l'épée du défunt, sa cuirasse, ses
gantelets, ses cuissarts, son heaume, sa bannière,
qui furent apportés jusque-là par des gens armés
de pied en cap, montés sur des palefrois, c'est-à-
dire sur de grands chevaux couverts les uns d'une
armure, les autres d'un caparaçon, où l'on voyait
en broderie les armoiries du connétable.

Ce n'est pas seulement dans ces cérémonies,
mais principalement dans les mœurs des anciens
Français, que le paganisme régna longtemps;
pour être chrétiens, ils n'en étaient pas plus ré-
glés : le divorce, l'inceste et la polygamie étaient
tolérés parmi eux. On voit dans Marculphe (1) qui
vivait au vii° siècle, une formule du divorce tel
qu'il se pratiquait alors. Clovis, depuis son bap-
tême, ne fut ni moins avide, ni moins cruel qu'auparavant; ses conquêtes n'ont rien de noble aux
yeux des gens sensés, parce que ce n'était point
une généreuse ambition qui les lui faisait entreprendre, mais l'envie d'étendre ses possessions.
Un an avant de mourir, il tua de sa main, ou fit
tuer par ses satellites, quatre ou cinq (2) princes
de son sang, pour se rendre maître de quelques

---

(1) Liv. 2, chap 30.

(2) Ragnacaire, roi de Cambray; Renomer, roi du Maine : Ca-
rarie, Riquier. (Grégoire de Tours, liv. 2, ch. 4.)

villes où ces princes s'étaient établis. C'était un
conquérant qui sacrifiait tout à une politique sanguinaire; cependant, pour être féroce, il n'en
était pas moins habile; ses intérêts réglaient toujours sa cruauté, et il savait être clément et même
facile quand il le fallait; rarement le tempérament l'emportait chez lui sur le calcul.

Ses fils ne furent pas moins inhumains; Childebert et Clotaire, l'un roi de Paris, l'autre roi de
Soissons, pour s'emparer plus aisément des États
de leur frère aîné (1), qui venait d'être tué en pour-
suivant mal à propos des fuyards qu'il avait vaincus, massacrèrent eux-mêmes ses fils en 528.
Chramne, fils de Clotaire, s'étant révolté contre
lui en 560 (2), le père eut la cruauté d'enfermer
dans une chaumière le rebelle, sa femme et ses
filles, et de les y faire brûler vifs. Fut-ce par dureté de cœur, ou pour contenir ses autres enfants
dans le devoir, que Clotaire en usa ainsi? C'est ce
qu'on ne sait point. Ce qu'il y a d'assuré, c'est
que ce prince, brave d'ailleurs et homme d'un rare
mérite, avait quelque chose de sauvage, comme le
génie de ce temps; car, quoiqu'il y eût plus de
soixante ans que les Français fussent devenus
chrétiens, et qu'ils vécussent dans un pays où les
mœurs des classes élevées s'étaient adoucies, il n'y
avait encore parmi eux ni politesse dans les manières, ni délicatesse dans les goûts.

(1) Clodomir.

(2) Grégoire de Tours, liv. 3, ch. 18; liv. 4, ch. 20.

Ce génie rude et farouche, qu'on a tant blâmé dans Clotaire, se retrouva chez ses enfants, c'est-à-dire sous Caribert, roi de Paris; sous Gontran, roi d'Orléans; sous Chilpéric, roi de Soissons, et sous Sigebert, roi de Metz; peu sous Caribert, prince mou et voluptueux ; encore moins sous Sigebert, qui était chaste et tempérant; mais avec force sous les autres. Chilpéric était sanguinaire ; et bien qu'en certains moments Gontran fût doux et humain, plutôt par faiblesse que par bonté, on tremblait de l'approcher dans les accès de sa colère ; malheur à ceux qui étaient contraints d'essuyer ses premiers transports, il leur en coûtait souvent la vie pour des sujets assez légers. Une de ses femmes l'ayant prié de faire mourir, dès qu'elle serait enterrée, deux médecins dont les remèdes l'avaient tuée, disait-elle, il fut assez faible pour s'y engager par serment, et assez cruel pour exécuter sa promesse.

Sous Brunehaut et sous Frédégonde, princesses habiles et de mœurs relâchées, qui gouvernèrent assez longtemps, l'une le royaume d'Austrasie, l'autre le royaume de Neustrie, on commença à s'humaniser et à se polir peu à peu ; l'humeur douce et paisible de Clotaire II y contribua aussi beaucoup. Sous Dagobert 1er, qui avait cinq femmes à la fois, on se plongea dans la débauche; sous son fils, Clovis II, qui aimait le vin, c'était à qui boirait le plus. Les choses changèrent sous Bathilde, sa veuve, qui fut régente dix à onze ans : un naturel doux et timide la portant à la piété, chacun, afin de lui plaire, voulut paraître homme de bien ; la dévotion fut de mode, à la cour principalement ; et quoique la perfidie y régnât comme auparavant, les grands savaient se contrefaire et si bien cacher leurs menées, qu'ils semblaient, même en se vengeant, n'avoir que des vues de piété. Cette contrainte dura jusqu'à ce que la sainte reine, poussée par les chagrins secrets qu'ils lui donnaient de temps en temps, se retira dans un couvent.

Alors on leva le masque, et pour se dédommager de la violence qu'on s'était faite en déguisant ses passions, on leur lâcha la bride ; l'orgueil, l'avarice, la cruauté, la haine et la jalousie éclatèrent plus que jamais entre les principaux seigneurs. Léger, évêque d'Autun, quelque vertueux qu'il fût, mit tout en œuvre pour supplanter et pour perdre le maire Ébroin ; le maire, de son côté, se déchaîna contre Léger. Rien n'est plus étonnant que la fin tragique (1) de ce saint prélat, qui fut jugé dans un concile et dégradé par des évêques qu'on honore comme de grands saints. Bientôt le désordre devint général ; le clergé, les nobles et le peuple vivaient dans une licence qui augmentait de jour en jour, d'autant plus que les maires du palais, qui pouvaient seuls la réprimer, n'avaient que trop de difficultés à se défendre des cabales qui se montaient contre eux tous les jours. Cette importante charge de maire du palais fut la

(1) Duchesne, tom. 1, pag. 600 et 606.

4*

cause de toutes les guerres, aussi fréquentes que cruelles, qui désolèrent la France depuis le décès de Clotaire III jusqu'au règne de Pépin. Cette confusion, qui était pour le royaume une sorte d'anarchie permanente, ramena la barbarie, d'où l'on était à peine sorti : le moyen que pendant ces troubles on eût songé à se polir et à corriger peu à peu ce qu'il y avait de grossier dans les mœurs primitives ?

Les différents usages dont j'ai parlé jusqu'à présent continuèrent parmi les Français sous le règne des Carlovingiens, avec peu de différence ; les rois de cette race, à leur avénement au trône, au lieu de se faire porter sur un pavois autour du camp, ainsi qu'en avaient usé les successeurs de Mérovée, se firent oindre d'une huile sainte, à la manière des rois juifs. De tous les rois français, Pépin est le premier qui ait été sacré. Ce fut de sa part un acte autant de politique que de religion ; des gens habiles lui firent entendre qu'il en serait plus vénérable, et que, loin de le regarder comme un usurpateur, ce que faisaient bien des Français, tous l'honoreraient, après le sacre, comme un prince donné de Dieu. Cette cérémonie fut trouvée si imposante, que presque tous ses successeurs se sont fait sacrer comme lui. Louis le Débonnaire ne fut point sacré roi de France ; Charlemagne, son père, le déclarant son héritier, fit mettre sur le maître-autel de l'église d'Aix-la-Chapelle une couronne magnifique, et, en présence de tout le monde, dit à son fils d'aller la prendre et de se la mettre sur la tête.

Le sacré était célébré sous la seconde race, et bien avant dans la troisième, par l'archevêque de la province où se tenait la diète pour proclamer un nouveau roi. Charles, surnommé le Chauve, fut sacré à Orléans; le fils aîné de Louis le Bègue, à Ferrières en Gâtinois; Robert, à Orléans; Louis le Gros, dans la même ville. Gervais de Bélesme, archevêque de Reims, en sacrant Philippe Ier, le jour de la Pentecôte 1079, dit que lui seul avait ce droit, comme successeur de saint Remi, à qui le pape l'avait donné, ce prélat était bien hardi de tenir un pareil langage en aussi bonne compagnie, où on pouvait lui dire qu'aucun de nos anciens rois n'avait été sacré. C'était au roi, et non au pape, à accorder ce privilége; en effet ce fut Louis le Jeune qui, sollicité par sa femme, sœur de Guillaume de Champagne, archevêque de Reims, accorda à cet archevêque, pour lui et ses successeurs, l'honneur de sacrer les rois.

Pépin et Charlemagne, et, à l'exemple de ces princes, les autres rois de la seconde race, firent tenir deux fois tous les ans les assemblées générales; les évêques, abbés, ducs et comtes, s'y trouvaient tous à l'ordinaire : ils y avaient autant de pouvoir que jamais; la guerre ou la paix s'y décidait sur leurs avis; et quand quelques-uns de ces seigneurs avaient commis des crimes énormes, ou conjuré contre l'État, c'était là qu'ils étaient jugés par des ducs et comtes comme eux. Tassillon, duc de Bavière, fils d'une sœur du roi Pépin, et Bernard, roi de Lombardie, y furent

condamnés par les grands de la nation à avoir la
tête tranchée, l'un en 788, l'autre en 818; pour
s'être révoltés, le premier contre Charlemagne,
le second contre Louis le Débonnaire. Leur peine
fut commuée; Tassillon ne fut que dégradé, et
mis ensuite dans un couvent; Bernard eut les
yeux crevés, et en mourut trois jours après.

Les cours plénières furent plus fréquentes sous
les rois de la seconde race, qu'elles ne l'avaient
été avant eux; elles étaient magnifiques sous Charlemagne. Comme l'empire de ce prince s'étendait
depuis le fond du Nord jusqu'à l'Ebre en Espagne
et jusqu'au Vulturne en Calabre, il venait à ces
assemblées des ducs et des comtes de tout pays,
qui amenaient leur cour avec eux, et qui faisaient
une dépense égale à celle des rois. Cette magnificence alla toujours en diminuant depuis le règne
de Charles le Simple; son fils et ses petits-fils
avaient si peu de revenu, qu'ils eussent été embarrassés pour tenir de ces cours plénières. Hugues
Capet les rétablit, Robert les continua; l'un et
l'autre affectaient d'y paraitre avec éclat, pour
soutenir leur réputation dans l'esprit de la popu-
lace, qui regardait ces nouveaux rois avec mépris,
quand elle comparait à leur médiocre existence les
richesses et la puissance de Clovis ou de Charlemagne. Tout modeste qu'était saint Louis dans
ses meubles, ses habits et sa table, il outrait la
somptuosité en ces jours de cérémonie. Il s'en
fallait beaucoup que ces nouvelles cours plénières
eussent la majesté et le lustre des anciennes,

parce que les comtes et les ducs, devenus princes souverains, en convoquaient d'autres chez eux, et dédaignaient de se trouver à celles qu'indiquaient les rois.

Tout était bien changé depuis le règne de Charles le Simple; la faiblesse de ce prince, les guerres dont elle fut cause, l'ambition des grands, et les ravages continuels des Normands et autres barbares, avaient amené un bouleversement général. Dans les premiers temps il n'y avait en France que le roi qui fût souverain; mais il s'éleva dans les provinces, sous le règne de Charles le Simple, autant de petits souverains qu'il y avait de gouverneurs; les ducs, les comtes et vicomtes rendirent leurs gouvernements héréditaires dans leurs familles, et en firent des principautés.

Leurs différentes qualités, quoique inférieures l'une à l'autre, ne mirent point entre eux de subordination, tous étant souverains et indépendants. Ils se soucièrent peu qu'elles fussent plus ou moins élevées, et quand ils se firent princes de leurs villes, ils retinrent celles qu'ils avaient; aussi y avait-il des comtes et des vicomtes même qui ne cédaient en rien aux ducs. Le titre de duc, autrefois le premier de tous, était tellement déchu sur la fin de la première race, que pendant toute la seconde, et bien longtemps sous la troisième, tel seigneur qui avait un duché ne se faisait appeler que comte : comme le comte de Toulouse, qui était duc de Septimanie; et le comte de Poitiers, qui avait le duché de Guienne. Dans la suite, le

titre de duc recouvra sa prééminence, et reprit si
fort le dessus, qu'un prince de branche cadette
précédait, quand il était duc, les princes d'une
branche ainée, lorsque ceux-ci n'étaient que
comtes. Louis et Pierre, ducs de Bourbon, qui
venaient de Robert de France, sixième fils de saint
Louis, précédèrent les comtes d'Alençon(1), quoique issus de Philippe III, fils aîné du même saint
Louis, tant que la terre d'Alençon ne fut point
érigée en duché-pairie ; elle ne fut qualifiée de ce
titre qu'en 1414.

Ce démembrement de la monarchie en autant
de principautés qu'il y avait de gouvernements,
bien loin d'être utile aux peuples, ne fit qu'ac-
croître de beaucoup le poids de leur servitude,
par les impôts énormes dont les chargeaient ces
nouveaux princes pour vivre avec le faste et la
somptuosité des rois. Il n'y eut guère que les évêques qui gagnèrent à ce changement ; car, outre
que plusieurs d'entre eux se rendirent maîtres de
leurs villes, il est certain qu'il augmenta la considération, le bien et le pouvoir des autres. Plus ils
avaient alors de crédit sur l'esprit du peuple, plus
ces nouveaux princes, dont l'État consistait souvent dans une ville et son territoire, ou bien dans
une province, les craignaient et les ménageaient.

---

(1) Le premier de janvier, le comte d'Alençon, qui était moult
beau seigneur et vaillant en armes, fut fait duc, et disait-on que
c'était par envie du duc de Bourbon qui allait devant lui, et toutefois il était plus près de la couronne, et comme le plus près, quand
il fut duc, il alla devant. (*Vie de Charles VI*, année 1414.)

Pépin s'étant fait roi par le concours des gens d'Église avait fort accru leur autorité, soit par politique et pour paraître plus religieux, soit par reconnaissance, ce qui n'est guère une vertu de prince ; cette autorité augmenta notablement par les liaisons que Charlemagne prit depuis avec les papes, pour avoir occasion de s'emparer de l'Italie, sous prétexte de les défendre ; enfin elle monta à un si haut point sous son fils Louis le Débonnaire, et sous les enfants de Louis, que les évêques étaient, en quelque sorte, les maîtres de l'État. Charles le Chauve, leur portant ses plaintes au concile de Savonnières, contre l'archevêque de Sens, qui avait cabalé pour le détrôner, leur dit d'un ton lâche et flatteur, qu'ayant été couronné roi de leur consentement et par leur ministère, on n'avait pu le déposer qu'ils ne l'eussent ouï dans ses défenses, et qu'après l'avoir entendu ils n'eussent rendu leur jugement (1). Si les évêques eussent employé ce crédit extraordinaire à réprimer le vice et à protéger la vertu, les mœurs eussent bientôt changé ; mais, loin d'en user ainsi, la plupart des prélats étaient tombés dans le dérèglement.

La barbarie des premiers temps régna parmi les Français sous les rois de la seconde race, presque autant que sous la première. Charlemagne, quoique généreux et porté à la clémence, avait de violents accès de colère ; irrité contre les

(1) Duchesne, tom. 2, page 436.

Saxons, qui se révoltaient tous les ans, il en fit
périr quatre mille cinq cents en un jour (1) : exécution épouvantable, qui marque bien plutôt la
férocité du juge que le crime des coupables. La
débauche fut aussi effrénée que jamais. On s'eni-
vrait si fort, qu'il fallut ordonner qu'à l'avenir
tout homme pris en état d'ivresse serait excom-
munié et réduit à boire de l'eau trois ou quatre
jours de la semaine. A l'égard des femmes, il
n'était plus permis d'en avoir plusieurs à la fois,
on pouvait du moins en changer, parce qu'en
ce temps-là le divorce était toléré. Charlemagne
répudia ses deux premières femmes sans qu'on en
trouve d'autre raison, sinon qu'elles ne lui plai-
saient plus. Ce monarque fit de belles lois contre
le vice; mais comme sa vie démentait ces lois,
elles ne furent point exécutées. En vain Louis le
Débonnaire voulut les faire observer ; son autorité
était tellement affaiblie, ébranlée, qu'on se sou-
ciait peu de lui plaire ou de lui déplaire; il n'y
put donc jamais réussir.

Les guerres cruelles qui suivirent sa mort, les
ravages horribles que firent pendant près d'un
siècle les Normands et autres barbares; par-
dessus tout cela, la faiblesse des rois qui ré-
gnèrent jusqu'à Hugues Capet, augmentèrent
beaucoup le désordre. Ce monarque, homme habile, prudent et d'une vie régulière, y eût sans
doute remédié s'il eût eu moins de ménagement à

_____

(1) Duchesne, tom. 2, page 242.

garder avec les seigneurs qui venaient de le faire roi. Les bons exemples de Robert, qui régna quarante-trois ans, son estime pour les gens de bien, sa douceur, son humeur paisible, firent prévaloir de son temps la vertu et l'honnêteté; et il y avait grande espérance que sous son fils Henri Ier, qui marchait sur ses traces, la nation se fût corrigée de ce qu'il y avait de grossier et de désordonné dans ses mœurs, si les croisades, qui survinrent, bien loin de réprimer le mal, ne l'eussent immensément accru.

Qui le croirait? Ces guerres, ces pèlerinages, qu'on entreprenait par dévotion, contribuèrent plus que toute chose à corrompre les mœurs des chrétiens ; il n'est sorte de vice que l'histoire ne reproche, non-seulement aux premiers croisés qui s'établirent en Orient (on convient que leur vie était si abominable, qu'elle fut la cause de la ruine de l'empire qu'ils y avaient fondé), mais encore aux autres, qui, pendant un siècle et demi, firent le voyage d'outre-mer pour secourir ou pour recouvrer une partie de la Terre-Sainte. Joinville dit (1) que dans l'armée que saint Louis mena en Égypte en 1249, il y avait de tous côtés des lieux de prostitution ; le saint roi fit inutilement ce qu'il put pour l'empêcher ; tout zélé qu'il était, il ne put en venir à bout, parce qu'il n'avait d'autorité que sur les gens qui étaient à sa solde, et point ou à peu près sur la noblesse

---

(1) *Histoire de saint Louis*, impression du Louvre, page 32.

qui faisait le gros de l'armée. Hors l'hommage
que les gentilshommes lui rendaient à cause de
leurs fiefs, ils croyaient ne lui rien devoir; de
manière que si, par une cause quelconque, ils
remettaient leurs fiefs au roi, ils croyaient par
cet abandon être quittes de tout envers lui.

De tout temps, et en tous pays, les princes ont
donné des terres, en récompense des services
qu'on avait rendus à l'État (1). Sous la première
race, ces présents que faisaient les rois étaient
nommés *bénéfices* : ce n'est que vers l'an 900
qu'on les a appelés des *fiefs* (2), nom qui marque
l'engagement contracté par les gens qui les recevaient, d'être fidèles au prince qui les leur donnait; les fiefs n'étaient qu'à vie. Le feudataire
mort, le prince reprenait le fief; et jusqu'à ce qu'il
en disposât par une nouvelle investiture, il jouissait des revenus : loi générale, à laquelle, dès les
premiers temps, les fiefs donnés à l'Église étaient
sujets comme les autres pendant la vacance des
siéges; de là vraisemblablement est venu le droit
de *régale,* qui, avec le temps, s'est étendu sans
distinction sur tous les biens de l'évêché.

Les fiefs n'ont commencé à passer du père aux
enfants que sur le déclin de la seconde race,
quand les ducs et les comtes eurent rendu leurs
gouvernements héréditaires dans leurs familles.
Ces nouveaux souverains en usèrent comme fai-

---

(1) La Roque, *Traité de la noblesse.*

(2) du Cange, au mot *Feudum,* et autres qui ont trait aux fiefs.

saient les rois ; afin d'intéresser des gens à les maintenir, ils donnèrent à leurs officiers, pour eux et leurs descendants, une partie des biens royaux qui se trouvèrent dans les provinces dont ils venaient de se rendre maîtres, et permirent à ces officiers de gratifier à pareil titre, d'une portion de ces mêmes biens, les soldats qui servaient sous eux ; c'est là l'origine des arrière-fiefs. Hugues Capet confirma cette usurpation des comtes, et la disposition qu'ils avaient faite des biens royaux en faveur de leurs officiers, de peur que, s'il y touchait, tant de gens qui avaient intérêt à ces aliénations ne conspirassent contre lui. Les grands vassaux relevaient tous de la couronne, et les petits relevaient des grands.

On faisait hommage de son fief, la tête nue, à genoux, sans épée et sans éperons, les mains dans celles du seigneur, qui était assis et couvert. L'hommage était lige ou simple ; par le premier, on s'engageait à servir le seigneur envers et contre tous ; par le second, cet engagement était plus ou moins restreint. L'hommage lige obligeait à servir en personne, l'hommage simple permettait de mettre un homme à sa place. L'hommage rendu, le seigneur donnait au vassal l'investiture de son fief, en lui faisant toucher le bout des branches de quelque arbre de la terre dont il s'agissait, en lui mettant entre les mains un gazon, une canne, une épée, une bannière, des éperons, un gant, des clefs, une broche, et divers autres symboles, selon l'usage du pays. Pour dernière cérémonie,

le seigneur embrassait le vassal, en témoignage de
l'alliance qu'ils contractaient l'un avec l'autre. Le
traité était mutuel ; ainsi le vassal perdait son fief
en refusant de secourir ou de reconnaître son
seigneur ; le seigneur, réciproquement, perdait ses
droits sur son vassal s'il manquait à le protéger.
Le principal service que devaient les feudataires
était d'aller à la guerre sous la bannière du seigneur, ou seuls, ou avec du monde ; cette obligation était plus ou moins étendue (1), ou par
l'érection du fief, ou par la coutume des lieux.
De ces divers services naquirent les degrés qui
modifiaient les titres de *chevalier*, d'*écuyer*, de
banneret et de *bachelier*.

La plus haute dignité ou l'homme de guerre pût
aspirer était celle de chevalier (2) ; il n'y avait
que les chevaliers qu'on traitât de monseigneur ;
il n'y avait que leurs femmes qui se fissent appeler
madame. Jeanne d'Artois, princesse du sang, qui
le jour de ses noces devint veuve de Simon de
Thouars, comte de Dreux du chef de sa mère,
ne se remaria point, et ne prit jamais d'autre titre
dans toutes les chartes qu'elle signa, que celui de
mademoiselle de Dreux, parce que le comte son
mari n'était encore qu'écuyer quand malheureu-
sement il fut tué dans un tournoi, six heures après

(1) Du Cange, *Histoire de saint Louis*. Dissertations IX et XXII. Le
même, *Glossaire*, au mot *Miles*.

(2) Du Tillet, *de l'État de chevalerie*, page 31 et suiv., et
ailleurs.

leur mariage. La dignité de chevalier était, dis-je,
si grande, que le roi s'en faisait honneur; les
chevaliers (1) mangeaient à sa table, avantage que
n'avaient point ses fils, ses frères, ses neveux,
s'ils n'avaient été faits chevaliers.

Quoique l'ancienne chevalerie ne fût pas un
ordre régulier, comme ont été depuis trois siècles
les ordres appelés *militaires*, elle ne laissait pas
d'avoir ses lois, auxquelles, cinq cents ans durant,
le roi et les grands seigneurs se sont soumis de
bonne grâce. René d'Anjou (2), roi de Sicile,
surnommé le Bon, prit la peine de recueillir ces
lois, de les transcrire sur du vélin, et d'orner ce
recueil de vignettes et de miniatures, où il repré-
sentait les différentes cérémonies d'une promotion
de chevaliers; ce prince aimait les arts, et savait,
dit-on, beaucoup mieux peindre que régner.

On ne faisait point de chevalier qu'il ne fût noble
de père et de mère, et qu'il n'eût au moins trois
quartiers; on n'en faisait aucun qui n'eût servi
avec éclat et qui ne fût réputé incapable de commettre un crime ou une lâcheté. Il se faisait des
chevaliers en temps de guerre et en temps de paix.
A la guerre on n'y mettait pas de façon; le roi ou
le général en faisait avant le combat, et plus ordinairement après; la formalité consistait alors à
donner sur l'épaule deux ou trois coups du plat de
l'épée, en disant à haute voix : *Je te fais chevalier,*

---

(1) La Roque, *Traité de la Noblesse.*

(2) Il mourut en 1480.

au nom du Père, du Fils, et du Saint-Esprit.

Lorsque pendant la paix, à l'occasion d'un mariage ou de quelque solennité, il se faisait une promotion, c'était avec plus de pompe et bien plus de formalités. Le novice, c'est-à-dire le gentilhomme qui devait être fait chevalier, passait la nuit d'auparavant à prier Dieu dans une église; son habit, ce jour-là, était une robe brune, unie et sans ornements. Le lendemain il communiait, puis il allait au bain où il quittait la robe brune, qui était l'habit d'écuyer; celui de chevalier était d'une forme particulière et d'une étoffe bien plus riche.

Après s'être baigné, le novice se mettait au lit, afin d'y recevoir ses visites de cérémonie; quand elles étaient finies, venaient deux ou trois seigneurs qui lui aidaient à s'habiller; sa chemise était brodée d'or au col et aux poignets; on lui mettait sur sa chemise une espèce de camisole, faite de petits anneaux de fer joints ensemble, en forme de mailles; par-dessus cette *jaque* de mailles, autrement appelée *hautbert*, il avait un pourpoint de buffle; sur ce buffle, une cotte d'armes, et sur le tout un grand manteau, taillé comme est aujourd'hui celui du roi et des pairs.

Le novice, en cet équipage, qui était fort embarrassant, faisait serment à genoux de n'épargner ni vie, ni biens, à défendre la religion, à faire la guerre aux infidèles, à protéger les orphelins, les veuves, les gens sans défense; c'était là le but principal de l'ancienne chevalerie. Le serment prêté, les seigneurs les plus qualifiés lui chaussaient les éperons dorés, d'autres lui présentaient le ceinturon, où pendait, dans un fourreau couvert de toile, une longue épée semée de croisettes d'or, il fallait que cette longue épée fût bénite par un prélat, et qu'elle eût posé sur l'autel pendant un temps considérable. Le nouveau chevalier, si c'était un prince ou un roi, allait la prendre sur l'autel; quelquefois c'était un évêque qui la lui mettait au côté; plus ordinairement le souverain, qui faisait la cérémonie, mettait lui-même au novice l'épée et le ceinturon; puis, après l'avoir embrassé, il lui donnait sur les épaules deux ou trois coups de plat d'épée. Cette cérémonie, la plus importante qui fût alors, se faisait au son des trompettes, des hautbois et autres instruments, et était suivie de festins, de ballets et de mascarades. Les historiens de Charles VI manquent de termes pour exprimer toute la magnificence qu'on admira à Saint-Denis lorsque Charles y fit chevaliers ses cousins, Louis, roi de Sicile, et Charles, prince de Tarente.

Il y avait de grands et de petits chevaliers (1) : les grands s'appelaient *bannerets,* les petits s'appelaient *bacheliers;* les premiers composaient la haute noblesse, les seconds n'étaient que de la moyenne. Il fallait que le banneret fût gentilhomme de nom et d'armes, c'est-à-dire d'ancienne noblesse, qu'il eût le droit de mettre sur pied un

---

(1) Du Cange, *Histoire de saint Louis.* Dissertation IX.

certain nombre d'hommes d'armes, et assez de
revenu pour en défrayer au moins vingt-huit ou
trente. C'était une grande dépense, parce que
chaque homme d'armes avait pour le servir, outre
ses valets, deux cavaliers armés, l'un d'une ár-
balète, l'autre d'un arc et d'une hache ; de sorte
que cent hommes d'armes faisaient au moins trois
cents chevaux. Un jour de bataille, le gentilhomme
qui désirait être fait banneret présentait son
pennon roulé au roi ou au général, qui en faisait
une bannière, en coupant la queue du pennon.
La bannière était un étendard carré ; le pennon
avait une queue longue et étroite.

Les bacheliers étaient d'un ordre inférieur ;
n'ayant pas assez de bien ni assez de vassaux pour
lever eux mêmes bannière, ils servaient sous celle
d'autrui. Les *écuyers* ou *damoiseaux* étaient de
jeunes gentilshommes qui aspiraient à être chevaliers ; le nom de damoiseau marquait quelque
prééminence, plutôt de naissance que de mérite,
au-dessus des autres écuyers. Pendant son novi-
ciat, l'écuyer se mettait au service d'un chevalier ;
il le suivait partout, portant sa lance et son épée ;
il avait soin de ses chevaux, quelquefois il le servait à table, sans jamais s'y mettre avec lui. Ces
écuyers ou damoiseaux sont appelés *valets ;* au
XIIIᵉ siècle ce mot n'avait rien de déshonorable.
Villehardouin, dans son histoire, en parlant du
prince Alexis, fils d'Isaac, empereur des Grecs, le
nomme à quatre ou cinq reprises le *valet de Constantinople,* parce que ce prince, quoique héritier

de l'empire d'Orient, n'était point encore chevalier ; par la même raison, Louis, roi de Navarre, Philippe, comte de Poitou, Charles, comte de la Marche, fils du roi Philippe le Bel, et d'autres princes de son sang, sont qualifiés *valets*, dans un compte de sa maison de 1313.

Ces différents nobles ou vassaux faisaient tous profession des armes, et étaient tenus de servir le prince en personne ; il n'y avait d'exempts que les femmes, les évêques même ne l'étaient pas (1) : Charlemagne les en dispensa, son fils leur fit la même grâce ; mais beaucoup d'autres rois n'eurent pas la même indulgence. Philippe-Auguste ayant assemblé une armée en 1209 pour marcher contre les Albigeois, les évêques d'Orléans et d'Auxerre s'y rendirent avec leurs vassaux, puis se retirèrent incontinent, disant qu'ils n'étaient tenus de mener leurs troupes à l'armée que quand le roi la commandait. Cette excuse fut fort mal reçue, et le roi l'ayant prise pour un reproche qu'on lui faisait de n'avoir pas marché en personne comme il l'avait promis, il en fut tellement irrité contre ces deux prélats, qu'il fit saisir leurs fiefs. Les prélats en firent grand bruit ; néanmoins ils eurent beau se plaindre, quoique le pape priât pour eux, ils ne purent avoir mainlevée qu'en payant une grosse amende.

Que faisaient les évêques qui allaient à la guerre ? Demeuraient-ils sur la montagne et se conten-

(1) Baluze, *Capitul.*, tom. 1, page 146, 155 et 190.

5

taient-ils de lever les mains au ciel, tandis que les séculiers livraient bataille dans la plaine ? Chacun suivait son inclination ; ceux qui avaient l'humeur guerrière étaient armés de toutes pièces et se trouvaient dans la mêlée ; d'autres, se souvenant combien l'Église a en horreur que ses ministres versent du sang, se faisaient scrupule de combattre et se contentaient de prier pour l'heureux succès de l'affaire ; les plus sages se rachetaient, et obtenaient pour de l'argent dispense d'aller à l'armée, en y envoyant leurs vassaux sous la conduite d'un *avoué*. Cet avoué, autrement appelé *vidame*, était un homme noble, brave et puissant, que les églises choisissaient pour défendre leur patrimoine ; mais il n'arrivait que trop souvent qu'elles donnaient, sans y penser, la brebis à garder au loup ; car le vidame, en prenant son temps, ne manquait guère de s'emparer d'une partie de leur bien.

Cette multitude de grands et de petits vassaux composait les armées de la nation ; ces armées étaient si nombreuses quand tout était rassemblé, qu'elles faisaient plus de deux cent mille hommes ; le roi pour cela n'était guère plus puissant, parce qu'il n'en était point le maître. Ces troupes avaient-elles servi vingt-cinq, trente, quarante jours, selon l'usage du pays ou selon les devoirs du fief, les seigneurs les remmenaient chez eux ; chacun conservait les siennes avec d'autant plus de soin que l'on n'était considéré qu'à proportion du bon état de celles qu'on avait sur pied. De cette indépendance venait le peu de discipline qu'il y avait dans les armées ; on n'y obéissait qu'avec peine, et souvent un jour de bataille les seigneurs , pour avoir la gloire d'être les premiers à attaquer , allaient à la débandade donner sur les ennemis : fatale impétuosité qui a causé dans tous les temps les plus grands malheurs à la France , et qui particulièrement fit perdre sous Philippe VI la sanglante bataille de Crécy , et sous Jean celle de Poitiers (1).

Philippe , homme de grand courage , du reste vain, grossier et fougueux , eût cru faire tort à sa gloire si , au lieu de laisser repaître et un peu reposer ses troupes, épuisées par une longue marche faite à la hâte , le jour même , à jeun et par une grande chaleur , il n'eût attaqué les Anglais dès qu'il les eût joints à Crécy. Le roi Jean , homme violent et audacieux par son ignorance autant que par bravoure, ne fut défait, près de Poitiers, par une armée en déroute, six fois plus faible que la sienne, que parce qu'il eut l'imprudence, non-seulement de rejeter les offres qu'elle faisait de se retirer et de ne point servir de cinq ou six ans contre lui , mais encore de la faire attaquer sans régler l'ordre de bataille, et même sans faire reconnaître les abords d'un lieu escarpé où cette armée était campée.

Quand on sait à propos prendre les hommes par leur faible, on en fait ce qu'on veut , à la cour

(1) En 1346 et en 1356.

principalement, où la crainte de déplaire au prince
et l'espérance d'en obtenir des caresses, des biens,
des honneurs, les rendent plus dociles qu'ailleurs.
Les mêmes gens qui, sous le roi Jean, avaient été
si téméraires, devinrent sages sous Charles V, esprit lent, mais fort avisé, qui ne se laissait point
aller au bruit, à l'opinion, encore moins à la vanité, et qui, dans toutes ses entreprises, considérait bien moins la gloire que l'utilité; homme doux,
civil, modéré, mais aussi ferme qu'attentif à se
faire obéir, qui comptait sur les précautions d'où
peut naître la sûreté, et qui, désespérant de vaincre avec le découragement où étaient les troupes
depuis la prise du roi Jean, croyait faire beaucoup
en évitant d'être vaincu.

Ceux qui, sous le roi Jean, avaient fait preuve
d'une aveugle impétuosité, n'eussent osé sous son
successeur, je ne dis pas charger l'ennemi quand
on se trouvait en sa présence (c'eût été un crime
d'État de le faire sans ordre exprès), mais sortir de
la ville ou du camp, aller à la petite guerre, ou
tirer un seul coup sans en avoir permission. Quoique Charles V n'eût pour la guerre qu'un talent
médiocre, il ne laissa pas de la faire avec succès,
parce qu'il savait, en homme habile, donner ses
ordres à propos et en suivre l'exécution. Ce prince
était d'ailleurs homme fort régulier dans ses
mœurs, et la reine sa femme, princesse d'un rare
mérite, ne donnait pas de son côté de moins bons
exemples; les Français, sous un roi si sage, changèrent donc presque tout à coup, et devinrent

aussi circonspects qu'ils avaient été emportés sous les deux règnes précédents.

De cet heureux état, qui dura quatorze à quinze ans, on retomba, sous Charles VI, dans un abime de malheurs ; la démence de ce monarque, l'inconduite de son épouse , les cabales que firent les princes pour se saisir du gouvernement , les cruelles factions qui s'élevèrent à ce sujet , mirent tout en combustion. Dans cette confusion, chacun pouvant impunément, à l'ombre d'une des factions qui partageaient l'État , commettre toutes sortes de crimes, le mal fut extrême, à l'armée principalement, où il n'y avait nulle discipline, ce qui fut cause de la perte de la bataille d'Azincourt , en 1415. Cet épouvantable désordre continua sous Charles VII , jusqu'à ce que , par la bravoure des soldats et des officiers , par le bonheur des circonstances et par l'habileté de quelques-uns de ses ministres , ayant enfin pris le dessus, il eût forcé ses ennemis à le reconnaître pour roi.

Alors, ayant ramené la paix, et craignant néanmoins d'être contraint de rentrer en guerre , il s'appliqua à rétablir la discipline parmi les troupes. Les plus insolentes étaient celles que lui fournissaient les feudataires de la couronne : il s'en servit le moins qu'il put, et leva d'autres troupes qui ne dépendaient que de lui , afin d'en être le maître et de pouvoir , quand elles le méritaient , les punir avec rigueur. L'expérience avait démontré depuis longtemps qu'il était plus facile d'introduire et de maintenir le bon ordre et la disci-

pline dans l'infanterie que parmi la cavalerie ; les
corps qu'il prit à sa solde ou qu'il leva dans le
royaume, depuis le traité d'Arras, qui fut fait
en 1435, ne furent presque que des gens de pied.

Le gros des armées françaises sous le règne
des Mérovingiens était de l'infanterie ; sous Pépin
et sous Charlemagne il y avait dans ces armées un
nombre à peu près égal de cavaliers et de fantassins ; mais depuis que la décadence de la branche
carlovingienne eut rendu les fiefs héréditaires dans
les familles, les armées de la nation, quelque nombreuses qu'elles fussent, n'étaient presque composées que de cavalerie ; il y avait peu de fantassins,
et encore ils ne servaient qu'à remuer la terre, à
aller fourrager et à dresser des batteries. L'infanterie ne combattait jamais en corps, on la mettait
par pelotons entre les files de cavaliers ; et son principal emploi était de les relever quand on les avait
terrassés. Elle avait pourtant des armes, comme
des arcs et des arbalètes, avec quoi elle lançait
des flèches pointues et des *matras;* on appelait
ainsi de gros dards qui ne perçaient point, et qui
ne faisaient que meurtrir.

Un jour de bataille, on ne comptait que sur les
cavaliers ; leurs armes offensives étaient la lance
et le sabre ; pour armes défensives, au lieu de
jaque de mailles, dont on s'était servi longtemps,
ils prirent vers l'an 1300 une cuirasse, des bras-
sards, des cuissards, des jambiers et des gantelets.
Non-seulement les cavaliers étaient armés de
toutes pièces, mais leurs chevaux étaient *bardés,*

c'est-à-dire couverts d'une armure, de sorte que ces escadrons paraissaient être tout de fer. Les hommes d'armes avaient tous un casque ; le roi le portait doré, les ducs et comtes argenté, les gentilshommes d'ancienne race le portaient en acier poli, et les autres en fer.

Les drapeaux de l'infanterie n'étaient que de la toile peinte, les guidons de la cavalerie étaient en velours ou en taffetas ; et selon que les bannerets étaient plus ou moins qualifiés, les guidons de leurs compagnies étaient plus ou moins brodés ; le plus grand étendard, et le plus orné, était le pennon royal. On s'avisa, vers l'an 1100, d'attacher ce pennon au haut d'un mât ou d'un gros arbre planté sur un échafaud ; cet échafaud posait sur un chariot tiré par des bœufs, couverts de housses de velours ornées de devises ou de chiffres du prince régnant. Au pied du gros arbre, un prêtre disait la messe tous les jours de fort grand matin : dix chevaliers, jour et nuit, montaient la garde sur l'échafaud, et autant de trompettes, qui étaient au pied du gros arbre, ne cessaient de jouer des fanfares afin d'animer les troupes. Cette embarrassante machine, dont la mode venait d'Italie, ne fut en usage en France qu'environ cent vingt à cent trente ans ; elle était au centre de l'armée ; c'était là que se donnaient les plus grands coups pour enlever le pennon royal ou pour le défendre ; car on n'était point censé vainqueur si on ne s'en rendait le maître, ni vaincu tant qu'on ne l'avait pas perdu.

Outre cette bannière, qui était réellement la
bannière de France, nos rois faisaient encore porter celle du saint le plus célèbre qu'on invoquât
dans leurs États. Il n'est mention dans nos histoires de la première et de la seconde race que de
la chape de saint Martin, qui était un voile de
taffetas sur lequel le saint était peint, et qui avait
posé un jour ou deux sur son tombeau ; ce voile
était gardé avec respect sous une tente. Avant d'en
venir aux mains, on le portait comme en triomphe
autour du camp ; on présumait si fort de ce saint
prélat, que nos rois, en ayant ce voile, se croyaient
assurés de vaincre.

A la chape de saint Martin, qui fut en vogue six
cents ans, succéda au xii⁰ siècle une autre bannière
non moins fameuse, qu'on a appelée *oriflamme,* à
cause des flammes d'or dont elle était toute semée :
si l'on en croit quelques historiens, elle fut appor-
tée du ciel à Clovis ou à Charlemagne, et elle y
remonta du temps de Charles VII : ce petit conte
n'est pas le seul qui se trouve dans nos vieilles
histoires. L'oriflamme n'était autre chose que la
bannière qu'on portait aux processions de Saint-
Denis, et dans les guerres particulières que les
moines de cette abbaye avaient contre leurs voisins ; le vidame de ces moines, qui était le comte
du Vexin, allait la prendre dans leur église avant
de se mettre en campagne, et l'y reportait en
grande pompe quand la guerre était finie. Louis VI,
dit le Gros, ayant acquis le Vexin, en usa comme
faisaient les comtes ; de là vint que ses successeurs

s'accoutumèrent peu à peu à se servir de l'oriflamme, ce qui n'empêchait pas qu'on ne portât
en même temps la bannière de France ; l'une et
l'autre n'étaient confiées qu'aux plus illustres
chevaliers.

Si l'oriflamme ne parut plus sous Charles VII,
c'est qu'il ne put aller la prendre dans l'abbaye de
Saint-Denis, dont les Anglais étaient les maîtres.
Comme il s'en était passé dans les guerres qu'il
eut contre eux, lui et ses successeurs cessèrent de
s'en servir ; c'est ainsi qu'elle demeura ensevelie
dans l'oubli et dans la poussière, quoiqu'elle fût
toujours au trésor de cette abbaye ; elle y était
encore en 1596, mais rongée de vétusté. On ne se
servait de l'oriflamme ou de la bannière de France
que dans les grandes expéditions ; les rois ne faisaient porter qu'un étendard beaucoup moins
grand dans les petites guerres qu'ils eurent durant
deux cents ans contre les comtes et les ducs, et
quelquefois contre de simples gentilshommes. Louis
le Gros fut souvent aux prises avec les seigneurs
du Puiset et de Montlhéry, sans pouvoir en venir
à bout.

Quand la noblesse avait des troupes (1), quand
elle pouvait impunément en avoir autant qu'elle
voulait, elle dictait la loi plutôt qu'elle ne la recevait. Avait-elle quelque différend, elle se faisait

(1) Du Cange, Dissertation XXIX sur Joinville. — Philippe de Beau-
manoir, *Coutumes de Beauvoisis*, etc. — Grégoire de Tours, liv. VII,
ch. 2 ; liv. X, chap. 37.

elle-même justice ; elle jouissait de ce privilége depuis un temps immémorial ; il y en a des exemples dès le commencement de la monarchie. Ces guerres particulières, qui se faisaient dans le royaume au su et au vu du roi, toujours sans son autorisation, souvent contre sa défense, n'étaient permises qu'entre nobles. Il faut entendre par ce nom tous gens qui avaient des fiefs, parce que, selon l'ancien usage, il n'y avait que les nobles qui pussent en tenir. Les églises qui en avaient jouissaient aussi de ce droit, et l'exerçaient par leur vidame. '

La guerre se déclarait par voie de fait ou par cartel ; deux ennemis se rencontrant mettaient-ils l'épée à la main, la guerre étaient déclarée, et les personnes qui se trouvaient au commencement de la querelle étaient contraintes d'y prendre part, ne connussent-elles ni l'agresseur, ni l'offensé. Ce n'était pas un héraut d'armes qui allait porter le cartel ; des évêques ou des chevaliers, selon le rang ou la naissance du seigneur qui était attaqué, allaient lui faire le défi. Il n'avait, à partir de cette annonce, que trois jours pour se préparer ; si avant ce délai il se commettait des hostilités, celui qui en était l'auteur était proscrit sur-le-champ et passait pour un traître. Les vassaux, les gens du fief, les domestiques et autres qui avaient quelque liaison d'amitié ou de dépendance avec l'une des parties étaient compris dans cette guerre ; les parents y entraient de gré ou de force, autrement ils n'héritaient plus. Il n'y avait d'exempts que les ecclésiastiques, les malades, les femmes, les filles, et les jeunes gens au-dessous de vingt ans.

On ne peut se figurer les désordres épouvantables que causaient ces guerres privées ; c'était à qui brûlerait la maison de son ennemi, à qui tuerait ses bestiaux, à qui arracherait ses arbres, ses vignes, ses blés ; on était, de côté et d'autre, continuellement en embuscade, et il n'y avait point de jour qu'il ne se fît quelque massacre : la guerre finissait par une trêve, par une paix, ou par autorité du juge. Avait-on des raisons de ne point entrer en guerre, ou désirait-on en sortir, on allait au haut justicier déclarer qu'on était prêt d'en passer par son jugement : c'était le parti le plus sûr ; mais, selon les mœurs des Français, c'était le moins honorable ; il y avait plus de prudence que de courage à en user ainsi. Alors le haut justicier prenait sous sa sauvegarde celui qui avait recours à lui, et défendait à la partie de lui *méfaire ni médire* : dès que la justice était saisie, il n'était plus permis de poursuivre par la voie des armes la réparation du tort dont on se plaignait.

Les papes et les rois firent, en différents temps, des efforts toujours inutiles pour arrêter cette manie belliqueuse. Charlemagne et Charles le Chauve défendirent sous de grandes peines qu'on brûlât ni vignes, ni blés ; Hugues Capet et Robert, qu'on tuât les bestiaux ; saint Louis (1) alla plus loin ; sa piété et son zèle le rendant plus hardi, il

_____

(1) Ordonnance de 1257, rapportée au registre du parlement, *Olim*, etc.

défendit non-seulement toutes les guerres particulières, mais encore les *armes à outrance*, les
joutes, passes d'armes et *tournois*, où naissaient
ordinairement les querelles qui attiraient ces
guerres ; mais ses voyages d'outre-mer ne lui permirent point de faire mettre à exécution une si
sage ordonnance ; son fils n'osa l'entreprendre.
Philippe IV l'ayant tenté en 1311, les gentilshommes se révoltèrent pour maintenir leur privilége, ce qui obligea Philippe à lever toutes les
défenses et à permettre, en 1315, les tournois et
joutes en tout temps, et les guerres particulières
quand on serait en paix avec les étrangers.

Les peuples guerriers (1) ont tous aimé passionnément les exercices militaires, pour apprendre,
par des combats feints, à en gagner de véritables.
De tous ces exercices il n'en est point que les
Français aient plus aimés que les *tournois ;* ils
quittaient tout pour y aller, ils vendaient tout pour
y paraître ; on n'estimait un gentilhomme qu'autant qu'il y avait été, et la preuve la plus authen-
tique qu'il pût donner de sa noblesse était d'y
avoir combattu. Les jeunes gens les regardaient
comme une école d'honneur ; les gens faits, comme
une occasion de faire admirer leur adresse. Les
dames ne souhaitaient rien avec plus d'ardeur,
moins par le plaisir que leur donnaient de si
magnifiques spectacles, que par la gloire d'y pré-

---

(2) Du Cange, Dissertation VI sur Joinville, et dans son *Glossaire*,
au mot *Torneamentum*.

sider; c'était pour elles qu'ils se faisaient, et c'était toujours elles qui en donnaient le prix; ce prix était un manchon, une écharpe ou un bracelet.

L'annonce du tournoi était faite d'ordinaire en vers, et par deux filles de qualité, accompagnées de hérauts d'armes; avant et après l'annonce que ces *damoiselles* faisaient en chantant, les trompettes, clairons et hautbois jouaient quelques airs guerriers. Le prince qui faisait l'appel et celui qui le recevait convenaient de deux chevaliers, gens d'une grande réputation, pour être juges du tournois; ces juges, pour marque d'autorité, portaient une baguette blanche, et ne la quittaient point que le tournoi ne fût fini. C'étaient eux qui fixaient le jour, le lieu du combat et les armes des combattants; ces armes, ordinairement, étaient des lances sans fer, des épées sans taillant ni pointe, souvent des épées de bois, quelquefois seulement des cannes : les juges avaient soin de faire élever des barrières pour enclore le champ de bataille, et des échafauds tout autour pour y placer les spectateurs.

Les chevaliers arrivaient quatre jours avant le tournoi : leur équipage était pompeux; ils se ruinaient en chevaux de prix, en habits, pour eux et leurs gens; en perles, émeraudes et rubis, dont ils ornaient leurs armoiries; ces armoiries étaient brodées non-seulement sur leur cotte d'armes, mais encore sur les housses de leurs chevaux, qui étaient caparaçonnés de velours ou de taffetas.

Le lendemain de l'arrivée, les armoiries des

chevaliers étaient portées au couvent où logeaient
les juges du combat ; et quand toutes ces armoiries
étaient rangées dans le cloître, les juges y menaient
les dames, non-seulement pour voir, mais afin
d'être présentes à l'examen qu'ils y faisaient de la
noblesse et de la probité des chevaliers et des
écuyers qui voulaient être du tournoi. On ne
pouvait en être qu'on ne fût gentilhomme de père
et de mère, à deux ou trois quartiers : un noble
n'y était point admis s'il s'était mésallié ; on en
était encore exclus pour avoir mal parlé des dames,
et généralement pour avoir fait quelque action
qui ne fût pas d'un vrai gentilhomme. Si des gens
à qui on pouvait faire un reproche considérable
avaient la témérité de se présenter au tournoi,
ils étaient, par ordre du juge, désarmés, fusti-
gés et mis à califourchon sur la barrière, pour
essuyer un jour entier les insultes de la canaille.
Cette sévérité aida à polir les mœurs ; car plus
les jeunes gentilshommes avaient d'envie de briller
en de si nobles assemblées, plus ils appréhendaient de rien faire qui les en exclût.

Quand tous les quadrilles étaient en ordre de
bataille, les juges allaient de rang en rang, exa-
minant attentivement si personne ne s'était fait
lier à la selle de son cheval : chose indigne d'un
chevalier, et défendue dans les tournois sous des
peines rigoureuses. Ensuite on sonnait la charge ;
pendant la mêlée, les lances, les cannes, les épées,
donnant ou sur la cuirasse ou sur le casque des
combattants, faisaient un bruit épouvantable. La

victoire se déclarait tard, parce que les tenants et les assaillants étaient gens braves et adroits, qui la disputaient longtemps ; les vaincus sortaient des lices sans trompettes et se sauvaient dans le bois le plus proche. Que de malheurs n'arrivait-il pas à l'occasion de ces tournois ! Il ne s'en faisait point sans qu'il y eût une infinité de gens blessés dans l'action, écrasés sous les échafauds, foulés aux pieds des chevaux, et étouffés par la poussière : il y périt plus de vingt princes, et Robert (1), comte de Clermont, sixième fils du roi saint Louis, y reçut, en 1279, de si furieux coups sur la tête, qu'il en perdit l'esprit.

On dit communément que c'est *Geoffroy de Preuilly* qui inventa ces exercices vers l'an 1036, parce que c'est lui qui les mit en règle et qui les rendit plus fréquents ; mais ils sont bien plus anciens ; et nous voyons dans notre histoire (2), que l'an 842 il y eut un tournoi à Strasbourg, à l'occasion de l'entrevue de Charles le Chauve, roi de France, et de Louis, son frère, roi d'Allemagne.

Sur la fin du tournoi se faisaient les *joutes*, sans annonce, sans prix, sans défi, et avec des armes courtoises, c'est-à-dire qui ne blessaient point. Deux braves, sans autre dessein que de faire voir leur adresse ou de plaire à une dame, rompaient une lance ou deux ; ces braves, courant à toute

(1) Duches., 5ᵉ tom., pag 537.

(2) Duches,, 2ᵉ tom., page 375.

bride, se donnaient des coups si terribles quand
ils venaient à se rencontrer, qu'il fallait se tenir
bien ferme pour n'être pas désarçonné. La différence qu'il y avait entre les tournois et les joutes,
c'est que les uns étaient des batailles, et les autres
n'étaient que des duels.

Les *armes à outrance* (1) étaient un duel,
comme les joutes, mais un duel de six contre six,
quelquefois de plus ou de moins, presque jamais
de seul à seul : duel fait sans permission, avec des
armes offensives, entre gens de parti contraire ou
de différente nation, sans querelle qui eût précédé,
mais seulement pour faire parade de ses forces et
de son adresse. Un héraut d'armes en allait porter
le cartel ; dans ce cartel étaient marqués le jour et
le lieu du rendez-vous, combien de coups on devait
donner, et de quelles armes on devait se servir.
Le défi accepté, les parties convenaient de juges
qui décidaient de la victoire : on ne pouvait la
remporter qu'en frappant son antagoniste dans le
ventre ou dans la poitrine ; qui frappait aux bras
ou aux cuisses perdait ses armes et son cheval, et
était blâmé par les juges. Le prix de la victoire
était la lance, la cotte d'armes, l'épée ou le casque
du vaincu. Ce duel se faisait en guerre et en paix ;
à la guerre, avant une action, c'en était comme
le prélude, et les armées le prenaient comme un
bon ou mauvais augure du combat qu'elles allaient
donner. On voit quantité d'exemples de cette sorte

---

(1) Du Cange, Dissertation VII sur Joinville.

de combats, tant dans l'histoire de saint Louis(1)
que dans celles de ses successeurs, jusqu'au règne
de Henri II.

La *passe d'armes* comportait plus de cérémonie ; un roi d'armes et ses hérauts allaient en faire
les annonces à la cour, dans les grandes villes et
dans les pays étrangers, longtemps avant qu'elle
fût ouverte. Celui qui sortait honorablement d'une
épreuve aussi périlleuse était regardé toute sa vie
comme un prodige de valeur. C'était d'ordinaire
un passage en rase campagne ; quelquefois un
chevalier seul, souvent deux ou trois ensemble,
entreprenaient, par vanité, de le défendre contre
tout venant. Le pas était fermé par une barricade ;
à la tête de ces barrières était l'écu des tenants, et
à côté six autres écus, de couleurs toutes différentes, qui marquaient les divers combats, à la
lance, à l'épée, au poignard, à la demi-pique, à
pied ou à cheval, qu'on était prêt à soutenir ; les
chevaliers ou écuyers qui venaient pour forcer le
pas, touchaient l'un de ces écus, pour marquer
avec quelles armes ils avaient dessein de combattre ; les hérauts en tenaient registre, afin que
les assaillants combatissent l'un après l'autre,
selon l'ordre de leur arrivée.

Ces différentes formalités furent observées
exactement au *pas de l'arc triomphal* (2), entre-

(1) Mathieu Paris, Froissart, Monstrelet, etc.

(2) *Cérémonie de France*, livre 8, chap. 43. — La Colombière,
Science Héraldique, tom. 1, page 215, 218 et autres.

pris à Paris, dans la rue Saint-Antoine, en 1514,
aux secondes noces de Louis XII, par son gendre
François d'Angoulême, duc de Valois et de Bretagne. Ces combats n'étaient point des jeux ; c'était
tout de bon qu'on se battait, et il y avait toujours
du sang répandu. Les combattants, après l'action,
soupaient à la même table ; on avait soin qu'elle
fût ronde, pour éviter toute dispute sur le rang et
la préséance ; de là est venu le nom de *Chevaliers
de la Table Ronde.* Après souper, le roi d'armes
prenait les avis des dames et des chevaliers avant
de prononcer qui des tenants ou des assaillants
avaient le mieux fait leur devoir ; quand le prix
était adjugé, c'étaient les dames qui le donnaient.

Les tournois, les joutes et passes d'armes per-
fectionnèrent les *armoiries* et achevèrent de les
rendre héréditaires. En quel temps et de quelle
manière ont commencé les armoiries ? C'est ce
qu'on ne peut dire précisément ; l'opinion la plus
vraisemblable est qu'elles viennent des croisades,
avant lesquelles on ne voit point de véritables armoiries. Quand les choses naissent de hasard,
quand l'usage, plus que la raison, les autorise peu
à peu, on en peut difficilement marquer au juste
l'origine et le progrès. S'il y a eu de tout temps
des figures sur les boucliers, sur les cuirasses, sur
les drapeaux, ce n'étaient que des hiéroglyphes,
des emblèmes et des symboles : le père et les
enfants n'avaient pas les mêmes devises ; les familles en changeaient souvent, et ces images de
fantaisie ne servaient pas à distinguer les maisons

les unes des autres , ni à en marquer la noblesse.

On ne voit point avant l'an 1150 d'auteur qui parle du blason (1), selon ceux qui ont remonté jusqu'aux sources de cet art, il n'y a point eu avant ce temps de véritables armoiries. Ils n'en exceptent aucunes, pas même celles de France ; car de dire que ce fut un ange qui les apporta à Clovis, ou que ce prince les choisit, au lieu de *crapeaux* ou de *couronnes,* que portaient ses prédécesseurs, ce sont , affirment ces censeurs, des contes sans fondement, inconnus aux anciens auteurs, et inventés par des modernes , qui ont donné des armoiries à Adam, à Ève, à Noé, et aux douze tribus d'Israël. Que voit-on sur les sceaux de nos anciens rois ? leurs portraits, des portes d'église, des croix, des têtes de saints. Hugues Capet est représenté tenant un globe d'un côté , et de l'autre une main de justice : c'est le premier à qui l'on voie cette espèce de sceptre : sa couronne n'est rehaussée que de fleurons. Louis VI , dit le Gros , est assis dans une chaise à bras, vêtu d'une espèce d'aube, tenant un sceptre à trois pointes , et ayant sur la tête une couronne ornée de croix.

Le premier sceau où il paraisse une véritable fleur de lis est de Louis VII, surnommé le Jeune ; si l'on en voit sur les tombeaux de Childebert , de Chilpéric, de Frédégonde, de Dagobert, c'est que ces monuments ont été renouvelés, ou faits depuis

---

(1) Segoin, *Trésor Héraldique.* — La Colombière, *Science Héraldique.*—Sainte-Marthe, *Traité des armes de France.*

l'an 1137; ainsi vraisemblablement c'est Louis le Jeune qui choisit les lis pour ses armoiries. Dans le sceau d'une charte de la fin du xiie siècle, ce monarque est représenté tenant une fleur de lis ; sa couronne en est ornée ; et lorsqu'il fit sacrer son fils, il voulut que la dalmatique et les bottines du jeune roi fussent couleur d'azur et semées de fleurs de lis d'or.

Ses successeurs n'ont point eu d'autres armoiries ; tous ont porté des fleurs de lis sans nombre, jusqu'à Charles V. Depuis le règne de ce prince, on commence à voir des écus qui n'ont que trois fleurs de lis. Quoiqu'on dise communément que ce sont des fleurs de lis, il y a des gens qui soutiennent que ce n'en est pas; les uns disent que ce sont des lis de marais, selon d'autres ce sont des iris, vulgairement appelés des flambes. Une troisième opinion est d'avis que ce ne sont des lis ni de marais ni de jardin, mais le fer de l'*angon*, ou javelot des anciens Français. La pièce du milieu de cette arme était droite, pointue et tranchante; les deux autres, qui l'accompagnaient, étaient renversées en croissant ; une clavette liait ces pièces, ce qui faisait, à ce qu'on dit, le pied de la fleur de lis.

En quel temps Louis le Jeune prit-il les lis pour ses armes? Il y a bien de l'apparence que ce fut quand il se croisa avec les grands de son royaume, en 1147 ; les princes et seigneurs qui furent de la croisade de 1097 avaient mis sur leurs étendards, et à la tête de leurs camps, des signes différents,

pour ranger leurs vassaux sous différentes ensei-
gnes, dans cette armée composée de vingt à trente
nations , et de sept ou huit cent mille hommes.
Louis et les autres princes, qui allèrent cinquante
ans après au secours de la Terre-Sainte , imitèrent
les premiers croisés , et mirent différents signes
sur leurs bannières ou drapeaux, et à la tête de
leurs camps, pour rassembler plus aisément les
troupes qui étaient à eux. C'est de là, prétend-on,
que sont venues les armoiries; car, comme il était
fort glorieux d'avoir été d'une croisade, ces signes,
qui en étaient des preuves, devinrent des marques
d'honneur ; et les croisés, à leur retour, non-seulement les conservèrent sur les bannières et étendards qu'ils faisaient porter à la guerre , mais encore les firent graver sur leurs sceaux , peindre
sur leurs écus, broder sur leurs cottes d'armes, et
s'en parèrent dans les tournois.

Ces marques de distinction excitèrent bientôt la
jalousie de la noblesse. Peu à peu cet usage devint général; tous les seigneurs et gentilshommes,
ceux mêmes qui n'avaient pas fait le voyage de la
Terre-Sainte , voulurent avoir des armoiries , et
pas un ne se fût présenté à une passe d'armes ou à
un tournoi sans avoir sur sa cotte d'armes et sur
le caparaçon des chevaux qu'il devait monter une
devise en broderie. Les armoiries néanmoins n'ont
été fixées dans les familles, et n'ont commencé
communément à passer du père aux enfants ,
que sous le règne de saint Louis , vers le milieu
du xiiie siècle. Toutes les sortes de croix qui se

trouvent dans les écussons sont autant de preuves
évidentes que ce sont les croisades qui ont fait
naître les armoiries ; une preuve que les tournois y
ont aussi contribué , ce sont les autres pièces que
d'ordinaire on voit dans ces mêmes écus. Les
chevrons, les *pals*, les *jumelles*, faisaient partie de
la barrière qui fermait le camp du tournoi ; les
figures d'astres et d'animaux viennent des noms
que se donnaient les tenants et les assaillants ,
qui, dans des vues différentes, se faisaient appeler
chevaliers du soleil, de l'étoile, du croissant, du
lion, du dragon, de l'aigle, du cygne.

Tandis que la noblesse s'adonnait à ces exercices, pour apprendre le métier des armes, d'autres
Français cultivaient les sciences ; l'un ne contribue pas moins que l'autre à rendre l'État florissant. Pendant que les Romains étaient les maîtres
de la Gaule, il y avait des académies à Autun, à
Bordeaux , à Marseille , à Tours et à Trèves ; ces
écoles étaient célèbres , et on y vint de toutes
parts, jusqu'à ce que les professeurs, faute de paye
et d'écoliers , se dispersèrent peu à peu , au commencement du ve siècle , quand les Alains , les
Suèves, les Vandales , les Bourguignons et autres
barbares , ravagèrent la Gaule en la traversant.
Childebert parlait bien latin , Charibert encore
mieux, et Chilpéric parfaitement. Gontran, étant
à Orléans, y fut harangué en hébreu, en arabe, en
grec, en latin. Clotaire II savait les lettres ; Dagobert, son fils , les aimait ; on ne les négligea que
sous la tyrannie des maires.

Les sciences ressuscitèrent sous Charlemagne ; ce grand prince en avait une si haute idée, qu'il se mit à étudier à l'âge de près de trente ans ; Pisan lui apprit le latin ; Alcuin, la dialectique, la rhétorique, l'astronomie. Charlemagne lisait habituellement l'Écriture, les Pères ou l'histoire. Il avait un si grand désir de faire revivre les lettres en France, qu'il ordonna qu'on ouvrît de grandes et de petites écoles dans les églises cathédrales et dans les plus riches abbayes ; c'étaient des chanoines et des moines qui enseignaient dans ces écoles : dans les grandes, la théologie ; dans les petites, les humanités. Charles le Chauve savait beaucoup ; depuis lui, par suite des guerres tant étrangères que civiles, on n'étudia plus jusqu'au temps du roi Robert. Sous Louis VII, qui mourut en septembre 1180, on parlait latin à Paris aussi bien qu'à Rome sous l'empire des Antonins, et mieux qu'on n'a fait en France jusqu'au règne de François Ier.

Il y avait dans le royaume, dès la fin du XIe siècle et beaucoup plus dans le XIIe, des hommes excellents en tout genre de littérature ; il y avait des théologiens dont la réputation s'est soutenue jusqu'à présent : génies sublimes et pénétrants, mais si jaloux les uns des autres, d'ailleurs si opiniâtres, qu'ils inventèrent mille chicanes pour soutenir leurs opinions, ou plutôt pour n'en point démordre et n'avoir pas le déplaisir de se céder les uns aux autres.

L'ancienne théologie, à laquelle on est revenu

depuis quarante à cinquante ans, consistait à bien étudier l'Écriture et la tradition ; la religion ordonnant de croire sans approfondir les mystères, on se contentait de savoir quels étaient les dogmes de foi, sans entreprendre de les prouver autrement que par l'Écriture et par les ouvrages des Pères. Ce fut l'orgueil de Bérenger, archidiacre d'Angers, et la rivalité qui existait depuis quelque temps entre lui et Lanfranc, prieur de l'abbaye du Bec, qui firent naître, sans y penser, la théologie scolastique (1). L'archidiacre ayant professé des erreurs sur l'Eucharistie vers l'an 1047, Lanfranc lui opposa un fort grand nombre de passages, tant des Pères que de l'Écriture, si clairs et si convaincants, que, pour les combattre, Bérenger eut recours aux sophismes et aux distinctions que la logique d'Aristote peut suggérer à un esprit délié. Lanfranc et ses partisans, voyant la faveur que ces subtilités attiraient à leur adversaire, puisèrent à la même source de quoi défendre et attaquer non-seulement sur cette matière, mais encore sur toutes les autres. Abélard, Gilbert de la Poirée (2), évêque de Poitiers, et autres savants de ce temps-là suivirent la même méthode.

Quoique le mérite de gens si doctes l'eût déjà mise fort en vogue, elle y fut bien davantage après qu'un de nos évêques (le célèbre Pierre

---

(1) Du Boulay, *Histoire de l'Université*, tom. 1, page 348 et suiv., 409, 410.

(2) Abélard mourut en 1142 ; Gilbert de la Poirée, en 1154.

Lombard (1), qu'on regarde comme le père de la scolastique) eut mis au jour, en 1150, son livre appelé *des Sentences*. Pierre devait son élévation à la généreuse humilité de Philippe de France, qui avait été son disciple ; ce prince, cinquième fils de Louis le Gros, et chanoine de Paris, ayant été élu à l'évêché de cette ville, le céda à Pierre, pour faire voir qu'en cette occasion la science doit l'emporter sur la naissance, même sur le sang royal. Alexandre de Hales, Albert le Grand et saint Thomas (2) commentèrent le livre *des Sentences*. La *Somme* de saint Thomas a toujours été regardée comme un excellent abrégé de toute la théologie ; les gens à qui elle ne plait pas n'y trouvent autre chose à redire, sinon que trop fréquemment il s'y est servi d'Aristote pour prouver et pour expliquer les vérités chrétiennes.

Ces ouvrages de théologie furent reçus par le plus grand nombre avec applaudissements, parce qu'il fallait bien moins de temps pour apprendre son saint Thomas que pour bien savoir la *positive*, qui comprend l'Écriture sainte, les conciles, les Pères et l'histoire. Une autre raison du progrès de la scolastique, c'est que ceux qui la possédaient étaient presque assurés de vaincre quelque adversaire que ce fût et de n'être jamais vaincus : tant elle fournissait d'arguments, de subtilités ; de

(1) Pierre Lombard mourut en 1164.

(2) Alexandre de Hales, mort en 1245 ; Albert le Grand, en 1280 ; saint Thomas d'Aquin, en 1274.

réponses et de faux-fuyants. Ces avantages char-
mèrent tellement les jeunes gens, qu'ils se donnèrent tout à fait à cette nouvelle théologie, et
n'étudièrent plus l'Écriture, ni la tradition, ni
même les humanités ; de là vient que le latin qu'on
a parlé jusqu'à présent dans les écoles de théologie
est si barbare et si grossier.

Les vieux théologiens qui avaient fait d'autres
études s'élevèrent contre les nouveaux, et les
accusèrent hautement d'être au moins suspects
d'hérésie. Les nouveaux, se moquant des vieux,
les traitèrent de bonnes gens qui n'avaient pas
assez d'esprit pour aimer les subtilités, et les
appelaient par ironie des *théologiens à bible* (1),
c'est-à-dire qui savaient la Bible, mais qui
n'eussent pu d'ailleurs se débarrasser d'un so-
phisme. La querelle dura longtemps ; enfin les
scolastiques l'emportèrent, et depuis cinq à six
cents ans on n'a point enseigné d'autre théologie
que la leur. Cette théologie est née en France, et
c'est là surtout qu'elle a fleuri.

L'esprit de chicane se glissa presque en même
temps dans l'école de droit et dans celle de médecine. Le corps de droit (je parle ici du droit civil,
qui comprend le code, le digeste, les novelles et
les institutes) demeura longtemps dans l'oubli ; on
n'en avait point entendu parler avant que la ville
de Melphe eût été prise par les Pisans : l'y ayant
trouvé tout entier, ils l'emportèrent avec eux, et

(1) *Biblici.*

le donnèrent à revoir à un Allemand, nommé Varnier. Celui-ci le publia à Bologne, en Italie, vers l'an 1130. Placentin, disciple de Varnier, vint enseigner le droit en France vers l'an 1170. Ce corps de droit y fut bien reçu ; les gens d'esprit y admirèrent ce bon sens et cette équité qui y règnent presque partout ; néanmoins, quelque réputation qu'il eût parmi les savants, les papes et nos rois ne laissèrent pas de le défendre : les papes, dans l'appréhension que cette étude ne fît négliger l'étude de la théologie ; et nos rois, de peur de donner une ombre même de prétexte aux prétentions de l'empereur, s'ils souffraient qu'on enseignât le droit romain dans leurs États. Cette frayeur se dissipa, les défenses furent levées ; et en 1312, Philippe le Bel, en établissant à Orléans une université, ordonna qu'on n'y enseignerait ni médecine, ni théologie, ni philosophie, ni grammaire, mais seulement le droit civil. Quoique ce droit ne serve point de règle, mais seulement d'autorité, à Paris et dans les provinces qui se gouvernent par coutumes, il y est néanmoins en si haute estime, qu'on ne reçoit point de magistrat sans l'interroger sur la loi.

Le *droit canon* suivit de près l'apparition du droit civil. Gratien, moine bénédictin, qui demeurait alors à Bologne, jaloux de la réputation que Varnier y avait acquise, se mit à faire un recueil de canons, de décrétales, pour en former un corps de droit par lequel on pût décider les différends ecclésiastiques ; et comme le droit a trois objets, les personnes, les actions, les choses, ce compilateur divisa son ouvrage en trois parties; il explique dans la première ce qui concerne les personnes; dans la seconde, ce qui regarde les jugements; et dans l'autre, ce qui a rapport aux choses sacrées. Le *Décret* de Gratien, c'est ainsi qu'on nomme son livre, qui parut pour la première fois en 1151, fut le commencement et la base du droit canon, qui grossit avec le temps par la jonction des *Décrétales*, du *Sexte* et des *Clémentines*, qui sont autant de recueils des constitutions des papes.

Le droit canon fut au moins aussi bien reçu que l'avait été le droit civil. Le *Décret* fut approuvé par Eugène III, les *Décrétales* par Grégoire IX, le *Sexte* par Boniface VIII, les *Clémentines* par Clément V. Les papes ordonnèrent que ce droit serait enseigné dans toute la chrétienté, et qu'il y aurait force de loi; leur autorité était alors si révérée, qu'on n'osa pas résister. Il n'y eut que les juges de France, qui, à cause de la querelle qu'avait eue Boniface VIII avec Philippe le Bel, refusèrent d'admettre le *Sexte;* cette exception fut une atteinte qu'on y donna au droit canon. Une atteinte plus fatale, fut la Pragmatique Sanction, faite à Bourges par Charles VII, 1438; ensuite vinrent le concordat, que firent ensemble, en 1516, Léon X et François Ier, puis les fameuses ordonnances de Crémieu en 1536, d'Orléans en 1560, de Moulins six années après, de Blois en 1579, lesquelles ont tellement affaibli ce droit, qu'on ne l'observe plus en France qu'autant qu'il se trouve conforme aux ordonnances de nos rois.

Il est juste de déclarer que les dispositions de l'un et de l'autre droit sont remarquables par leur profondeur et par leur raison ; aussi en fut-on d'abord charmé, dans l'espérance qu'il n'y aurait plus de différends à l'avenir, ou du moins qu'ils seraient terminés plus facilement. Mais on eut bientôt reconnu que la multitude des lois, loin de prévenir les contestations, ne sert qu'à les multiplier : là il y a le moins de juges et de jurisconsultes, là où il y a le moins procès. On a vu de même, dans tous les temps, que moins il y a de médecins dans un pays, mieux on s'y porte ; pendant les cent années qu'ils furent exilés de Rome, il y mourut bien moins de monde qu'auparavant ; et on remarque qu'en Moscovie, où il n'y a encore aujourd'hui ni médecins, ni apothicaires, on y vit plus longtemps qu'ailleurs.

L'ancienne médecine, qui pendant six à sept cents ans a été en usage en France, consistait à prévenir le mal, à le souffrir avec patience, à faire diète le plus qu'on pouvait, et à joindre à ce régime quelques remèdes du pays. Les pauvres de la campagne pratiquent encore avec succès cette médecine naturelle ; la sobriété fait qu'ils sont rarement malades, la diète qu'ils le sont peu, et ils n'ont point d'autres remèdes que quelques herbes qu'ils ont entendu citer comme propres à guérir leur mal. Si, sous les deux premières races, on eût tenu registre des remèdes dont les médecins se servaient dans les hôpitaux, il n'y a point de maladie qu'aujourd'hui on ne guérit sans peine. Les simples qui viennent du Levant, et autres remèdes étrangers, n'ont été connus des Français que vers l'an 1150.

Quelques curieux, ayant lu Hippocrate et Galien (1), nouvellement traduits en latin, en furent tellement charmés, qu'ils commencèrent à mépriser la médecine naturelle, et à dire que c'était hasard si elle avait guéri quelqu'un; ces curieux se vantaient d'avoir trouvé dans Hippocrate l'art d'exercer la médecine, non plus à l'aventure, comme on faisait auparavant, mais par règles et par principes; et comme si ce qu'ils avaient lu leur eût fait voir à découvert tous les secrets de la nature, ils prirent le nom de *physiciens,* c'est-à-dire gens sachant comment la nature agit, et ce qu'il faut pour la rétablir quand elle se trouve altérée : vanité d'autant plus frivole, à ce que disent quelques censeurs, que ce n'est point par les livres qu'on apprend à connaître les maladies ni les remèdes, et moins encore à appliquer les remèdes aux maladies : il n'y a que l'expérience qui puisse donner ces avantages.

Mieux on connaît le corps humain, et mieux on sait comment se font le sang, la digestion, la nutrition; mieux on connaît les maladies, qui naissent toutes de quelque désordre qui trouble ces

(1) Du Boulay, *Histoire de l'Université*, depuis l'an 110 jusqu'en 1200.

opérations. Or, comment, disent les critiques, pouvait-on au XIIe siècle dire que l'on connût la conformation du corps, puisque alors l'anatomie était presque inconnue? La dissection du corps humain a passé pour un sacrilège jusqu'au temps de François Ier, et l'on voit une consultation que fit faire l'empereur Charles-Quint aux théologiens de Salamanque, pour savoir si en conscience on pouvait disséquer un corps pour en connaître la structure. Vesal, médecin flamand, mort en 1564, est le premier qui ait débrouillé les premières notions de l'anatomie; cette science s'est perfectionnée par de nouvelles découvertes. Harvey, médecin anglais, découvrit en 1628 la circulation du sang. Pequet, qui était Français, découvrit le réservoir du chyle en 1661, et un autre, deux années après, les vaisseaux appelés lymphatiques. Quoique les médecins qui exerçaient sous Louis le Jeune n'eussent aucune de ces connaissances, ils se croyaient néanmoins habiles, parce qu'ils avaient lu Hippocrate et Galien.

Dès que ces deux auteurs commencèrent à être connus en France, on ne s'y appliqua plus qu'à bien posséder leurs ouvrages; leur réputation, celle de leur pays, l'obscurité même de leurs écrits (car les hommes sont faits de telle sorte qu'ils n'estiment que ce qui vient de loin, et qu'ils n'admirent le plus souvent que ce qu'ils n'entendent pas), par-dessus tout cela l'espérance de guérir plus vite et plus aisément par la méthode de ces grands hommes, éblouirent tellement le monde,

qu'on eut honte de se servir des herbes qui crois-
saient en France ; on n'y estima plus que les plantes
qui venaient d'Orient, et qui portaient un nom
sonore, comme sont beaucoup de mots grecs.

Les étudiants en médecine, au lieu de rendre de
fréquentes visites aux malades pour se former, et
d'observer soigneusement l'espèce de la maladie,
le degré de sa malignité et le remède propre à la
guérir, s'adonnèrent uniquement à lire les Grecs
et les Arabes, lesquels ne sont pleins que de sophismes et d'arguments qui établissent souvent le
pour et le contre ; de là vint cette incertitude qui
pendant plusieurs siècles a régné dans la médecine,
et qui a décrié cet art. S'il y a eu de tous temps
d'habiles médecins dans le royaume, c'est moins
la théorie que la pratique qui les a formés ; celui qui
jusqu'à présent a eu le plus de réputation parmi
les Galenistes, est Jean Fernel, né en 1506 à
Clermont en Beauvoisis. La pureté et l'élégance de
son latin, sa sagesse, sa pénétration, sa profonde
capacité l'avaient mis en si haute estime, qu'on
disait même de son vivant qu'Hippocrate et Galien
n'avaient sur lui d'autre avantage que celui d'être
venus les premiers.

L'amour des sciences et des arts augmenta parmi les Français depuis que, sous Louis le Jeune,
ou du moins peu de temps après, le peuple, devenu libre, fut plus maître de choisir telle profession qu'il voulut. Auparavant il n'y avait de personnes libres que les gens d'église et d'épée ; les
autres habitants des villes, bourgades et villages,

étaient plus ou moins esclaves. Il ne faut pas s'i-
maginer que les villes fussent sous Clovis, sous
Pépin, sous Hugues Capet, dans l'état où nous les
voyons ; quoiqu'il y eût dans la Gaule, quand les
Romains s'en emparèrent, onze à douze cents villes
qui, dit-on, pouvaient très-bien se défendre, il
n'en était resté aucune qui n'eût été démantelée,
ou par les Romains eux-mêmes, ou par l'ordre
des rois français, qui faisaient consister leur principale force à avoir des armées nombreuses. Toutes
les villes du royaume, avant le règne de Philippe-
Auguste qui mourut en 1223, n'étaient fermées
que par un fossé ; la plupart n'étaient point pavées,
et il n'y habitait que des prêtres et des ouvriers :
les nobles vivaient sur leurs terres ; ceux qui étaient
riches et puissants avaient une cour chez eux ;
autant de seigneurs, autant de petits souverains.

Parmi les gens non libres, les uns étaient tout
à fait *serfs,* et d'autres n'étaient qu'*hommes de
poële* (1) ; les serfs étaient attachés à la glèbe,
c'est-à-dire au fonds, et ils se transmettaient avec
lui. Ils ne pouvaient s'établir ailleurs ; ils ne pouvaient non plus ni se marier, ni changer de profession sans la permission du seigneur ; ce qu'ils
gagnaient était pour lui ; et s'il souffrait qu'ils
cultivassent quelques terres à leur profit, ce n'était
qu'à condition qu'ils payeraient par mois ou par
an la somme dont ils convenaient pour eux, leurs
femmes et leurs enfants. Il s'en fallait de beau-

(1) *Glossaire* de du Cange, au mot *Servus,* et au mot *Potestas.*

6*

coup que les hommes de poëte dépendissent autant
du seigneur ; le seigneur n'était le maître ni de
leur vie, ni de leurs biens ; leur servitude se bor-
nait à lui payer certains droits et à faire pour lui
des corvées.

Les uns ni les autres ne faisaient point corps, et
n'avaient ni juges, ni lois ; le seigneur du lieu en
était la loi et le juge : cela dura jusqu'à Louis VII.
Le roi et les grands seigneurs s'étant trouvés à
cette époque obérés par les dépenses qu'ils avaient
faites aux croisades, aux cours plénières et aux
tournois, proposèrent aux villes et aux bourgs
qui étaient de leur dépendance de se racheter
pour de l'argent ; moyennant quoi les redevances
que les bourgeois payaient par tête seraient assises
sur les maisons, sur les terres et autres immeubles. Cette proposition fut bien reçue par quelques villes ; il y en eut qui la rejetèrent par soup-
çon et par défiance ; à la fin toutes l'acceptèrent.
Elles se rachetèrent les unes plus tôt, d'autres
plus tard, et elles acquirent de leur seigneur le
privilége de se choisir un maire et des échevins.
Cette permission était confirmée par le roi ; et
afin qu'elle fût plus solide, le seigneur donnait
pour caution un certain nombre de gentilshommes et de prélats du voisinage. Les gentilshommes s'engageaient à prendre les armes contre
lui s'il contrevenait au traité, et les évêques pro-
mettaient, s'il manquait à l'exécuter, de mettre
ses terres en interdit.

Le peuple, devenu libre, demanda des lois ;

chaque seigneur en donna de plus ou moins favo-
rables, selon le parti qu'on lui faisait ; de là vient
cette multitude de *coutumes* qu'on voit régner
encore aujourd'hui dans les villes, bourgades et
villages. Les nouveaux affranchis, dans le dessein
de s'égaler aux ecclésiastiques et aux nobles qui
étaient jugés par leurs *pairs* (c'est-à-dire par leurs
pareils), demandèrent à n'avoir pour juges que
des gens du peuple comme eux ; ce qui fit qu'en
plusieurs endroits les juges des villes et villages
se qualifièrent *pairs bourgeois :* la justice néanmoins se rendait au nom du seigneur, et il y
avait appel de ces premiers juges aux siens. Ce
changement fut avantageux au royaume ; les villages se multiplièrent, il n'y eut plus de terres
incultes ; le paysan, devenu libre et maître de son
industrie, se fit fermier de son seigneur, et prit à
cens ou à champart les terres que deux jours auparavant il cultivait comme esclave. Les villes furent plus peuplées, les habitants s'y adonnèrent
aux sciences, aux arts, au commerce. Les Français
jusque-là s'étaient peu occupés de négoce ; presque tout le trafic se faisait par les étrangers, qui
enlevaient l'or du royaume, et qui n'y apportaient
souvent que des bagatelles.

Les villes s'enrichirent et devinrent bientôt si
puissantes, que, pour les faire contribuer avec
moins de répugnance, on les appela par députés
aux assemblées générales. Leurs députés y entrèrent en 1304 ; ce ne fut cette première fois que
pour y représenter leurs besoins et leurs ressour-

ces. Les honneurs augmentèrent selon le plus ou
le moins d'argent que les villes fournirent dans
les nécessités publiques ; de sorte qu'insensiblement elles formèrent un *tiers état*, qui eut dans
ces assemblées autant et plus de pouvoir que la
noblesse et le clergé ; il n'y avait auparavant que
les nobles et les gens d'église qui y eussent voix
délibérative. Ces assemblées étaient nommées.*parlements*, c'est-à-dire des conférences sur des matières importantes ; depuis que le peuple y eut
entrée, elles furent appelées *états généraux*, ou
assemblées des trois états; et l'ancien nom de parlement passa à ces corps de magistrature qu'on
établit dans le royaume pour rendre la justice en
dernier ressort.

Ces états généraux n'eurent pas le même pouvoir qu'avaient eu dans les premiers temps les assemblées générales : ils ne se tenaient que quand
le roi le voulait ; on n'y délibérait ni de la guerre,
ni de la paix, et leurs fonctions se réduisaient à
représenter leurs griefs, à régler les subsides et la
manière de les lever, ou à nommer à la régence
dans un temps de minorité, si le roi n'y avait pas
pourvu.

Tant que les mères des rois pupilles se sont
trouvées assez habiles pour gouverner l'État, elles
ont eu la régence depuis le règne des Capétiens,
comme elles l'avaient eue sous le règne des deux
autres races (1) ; et je ne sais sur quel fondement,

---

(1) Dupuis, *de la Majorité de nos rois et des régences du royaume.*
— Du Tillet, *des Régences*, etc.

après le décès de Henri II ; on soutint qu'elle appartenait au plus proche prince du sang. Le roi Henri Ier nomma le comte de Flandre, qui n'était point prince du sang, mais qui avait épousé sa sœur, tuteur de Philippe Ier et régent de ses États, uniquement parce qu'il ne croyait pas que la reine mère de Philippe fût capable de les gouverner. C'était une Moscovite, qui se remaria aussitôt après la mort de son mari, et qui enfin fut obligée d'aller mourir en son pays.

Les tuteurs de Philippe-Auguste et les régents de son royaume, pendant sa minorité, furent sa mère, Alix de Champagne, et Guillaume, archevêque de Reims, un des frères de cette reine. Robert, comte de Dreux, et Pierre, sire de Courtenai, oncles paternels de Philippe, ne disputèrent point la régence ; et on ne voit pas qu'ils se soient plaints de ce que, à leur préjudice, Louis VII y avait nommé l'oncle maternel de son fils.

Blanche de Castille, mère de saint Louis, fut régente à l'exclusion de Philippe, dit Hurepel, oncle paternel de Louis. Si Philippe le Long fut régent pendant quelques mois, ce fut parce qu'on ne savait de quel enfant accoucherait la veuve du roi Louis le Hutin. Les oncles de Charles VI ne furent régents dans son bas âge que parce que sa mère était morte. Anne de France, sœur de Charles VIII., fut tutrice de ce monarque malgré les intrigues du duc d'Orléans, qui depuis fut le roi Louis XII ; tant il est vrai que les mères ou les sœurs des rois ont toujours été préférées aux plus proches princes du sang, quand l'occasion s'est présentée de disposer de la régence.

Le régent avait tout pouvoir ; il touchait sans en rendre compte les revenus de la couronne, il recevait les foi et hommage, il donnait les charges et emplois, il faisait la paix ou la guerre. La justice se rendait en son nom ; on scellait de son sceau quand il était du sang royal, et quand il n'en était pas, il y avait un sceau particulier pour la régence. Cette autorité parut si énorme à Charles le Sage, que, de peur qu'on n'en abusât, il voulut du moins abréger le temps qu'elle devait durer. A cet effet, par son ordonnance du 21 mai 1375, il fixa la majorité des rois de France à quatorze ans ; avant cette loi, nos rois n'étaient majeurs au plus tôt qu'à vingt et un ans. Philippe-Auguste en avait vingt qu'il était encore en tutelle ; saint Louis n'en sortit qu'à vint-deux ans, et depuis même cette loi, Charles VI à plus de vingt ans était encore en la puissance de ses oncles. Si l'ordonnance de Charles V diminua notablement le trop grand pouvoir des régents, celle de Charles VI, de 1407, le sapa par le fondement, en réglant qu'à l'avenir, quelque âge qu'eût le fils du roi ou tel autre plus proche héritier, il serait proclamé dès la mort de son prédécesseur. C'était une vieille prévention, que l'héritier de la couronne ne pouvait ni être sacré avant sa majorité, ni prendre le titre de roi avant d'avoir été sacré. Jean, fils de Louis le Hutin, n'est point compté parmi nos rois, dit le greffier du Tillet (1), parce que, n'ayant vécu que huit jours, il ne fut point couronné.

Le sacre s'est fait sous la troisième race avec plus de magnificence et plus d'éclat qu'auparavant. Les *pairs* y étaient mandés ; on appelait ainsi tous les vassaux du même fief, parce qu'ils étaient égaux entre eux ; c'étaient les conseillers nés du seigneur, ils jugeaient avec lui et ne pouvaient être jugés que par leurs pareils. Lorsqu'il prenait possession du fief dont ils dépendaient, ils étaient tenus de s'y trouver ; et s'ils étaient en trop grand nombre, on en choisissait douze pour accompagner le seigneur dans cette cérémonie, et pour lui rendre, au nom de tous, les honneurs qui lui étaient dus. De là vint vraisemblablement que les seigneurs qui relevaient immédiatement de la couronne étaient tous invités au sacre, parce que le sacre était regardé comme la prise de possession de la royauté.

Ces grands vassaux, fussent-ils ducs, comtes ou vicomtes, étaient indifféremment appelés *pairs*, *princes* et *barons* (2) : pairs, comme seigneurs des lieux de leur dépendance ; et barons, comme les premiers et les plus puissants du royaume. Cette dernière qualité passait au XIIe siècle, et bien avant dans le XIIIe, pour si noble et si rele-

(1) Du Tillet, *Règne de Louis le Hutin.*

(2) Du Tillet, *du Couronnement des Rois et des Reines*, page 180, et *des Pairs*, page 152.— Du Cange, *Glossaire*, aux mots **Par**, **Princeps**, **Baro.**

vée, qu'on quittait le titre de prince pour prendre
celui de baron ; c'est ce que fit le sire de Bourbon
vers l'an 1200, quoique ses ancêtres eussent porté
pendant plus de trois cents ans les titres de comte
et de prince.

Autrefois le titre de prince n'était point attaché
au sang ; les personnes même du sang royal ne
portaient point le nom de princes, ils étaient appelés simplement les seigneurs *du lis* ou *du sang* ;
quoique leur extraction leur donnât droit à la couronne, ils n'avaient de rang à la cour, dans l'assemblée des états ni dans aucune cérémonie, que
celui qui était attaché aux dignités qu'ils possédaient ; et lorsqu'ils ne possédaient point de dignités considérables, ils étaient confondus avec le
reste de la noblesse. Témoin la maison de Dreux,
qui descendait de Louis le Gros, par Robert, son
quatrième fils, quoiqu'elle ait subsisté près de
quatre cent soixante-dix ans, divisée en quatre ou
cinq branches, aucun des membres de cette famille n'a porté le titre de prince, ni n'a eu rang à
la cour ou dans les assemblées publiques au-dessus
des autres gentilshommes. Cette maison finit à
Jean de Dreux, seigneur de Morainville, qui fut
tué au siége de Verneuil, en 1599, ne laissant ni
garçons ni filles.

C'est Henri III qui ordonna aux états tenus à
Blois en 1576, qu'à l'avenir les princes du sang
précéderaient en toute rencontre tous autres
princes et seigneurs, de quelque dignité que ceux-
ci fussent revêtus. Henri, appréhendant que les

Guise ne le supplantassent, eut en vue, par cette
ordonnance, non-seulement de les abaisser en
élevant au-dessus d'eux les princes des maisons de
Vendôme et de Montpensier, mais encore d'engager ceux-ci à le soutenir de toutes leurs forces
contre les attentats et le trop grand pouvoir des
autres : cette déclaration n'a guère moins contribué que l'épée de son successeur à faire monter
sur le trône le sang illustre des Bourbons.

Le nombre des barons qui relevaient de la couronne, j'entends immédiatement, étant presque
infini, on régla, pour un plus grand ordre, qu'il
n'y en aurait que douze, six ecclésiastiques et six
laïcs, qui feraient fonction de pairs au sacre des
rois. La principale fonction des pairs est de soutenir la couronne quand l'évêque la met sur la
tête du nouveau roi. Les douze anciens pairs sont :
l'archevêque duc de Reims, l'évêque duc de Laon,
l'évêque duc de Langres, l'évêque comte de Beauvais, l'évêque de Châlons-sur-Marne, et celui de
Noyon. Les anciens pairs séculiers sont : les ducs
de Bourgogne, de Normandie et de Guienne, et
les comtes de Flandre, de Champagne et de Toulouse. Quand ce nombre fut-il fixé? Pourquoi ces
douze pairs furent-ils préférés à tant d'autres,
qui ne leur cédaient ni en puissance ni en dignité?
Est-ce la faveur qui en décida? Fut-ce le mérite
des personnes? C'est sur quoi on ne peut satisfaire
la curiosité du lecteur. Le point le moins déve-
loppé de toute notre histoire est ce qui regarde la
pairie; ce qu'on en dit n'est que conjectures : or

il est beaucoup plus aisé de combattre celles d'autrui que de bien établir les siennes.

Rapporter à Hugues Capet, à Pépin ou à Charlemagne, l'institution des douze pairs, c'est ne pas savoir notre histoire : il n'est point fait mention de pairs avant le règne de Louis VII. Au commencement de la troisième race, les villes de Laon, de Beauvais, de Langres, de Noyon, de Châlons-sur-Marne, n'appartenaient pas à leurs évêques : ces prélats n'eurent point au sacre de Philippe-Auguste de fonction particulière : au contraire, il est dit en termes exprès dans les historiens du temps (1), que Guillaume, archevêque de Reims, oncle maternel de ce prince, fit la cérémonie assisté de trois archevêques, de Tours, de Bourges et de Sens. Au sacre de Philippe V, en 1316, les choses n'étaient pas réglées comme elles l'ont été depuis; par jugement de ce monarque, l'évêque de Beauvais y eut le pas sur celui de Langres. La comtesse d'Artois assista à ce sacre en qualité de pair (2), et y soutint avec les autres la couronne du nouveau roi, qui était son gendre. Une autre comtesse d'Artois fit encore fonction de pair (3) en 1364 au sacre de Charles V; ce qui prouve qu'indifféremment tous les pairs y étaient invités, et que tous y pouvaient encore faire les mêmes fonctions.

(1) Duchesne, tom. IV, page 437.

(2) Continuateur de Naugis.

(3) *Cérémonial de France*, sacre. — Pasquier, liv. II de ses *Recherches*, chap. 9 et 10.

Les anciens ducs de Bourgogne, de Normandie et de Guienne, les anciens comte de Flandre, de Champagne et de Toulouse, avaient leurs pairs comme le roi : on ne voit chez aucun historien du temps que ces anciens comtes et ducs aient été nommés pairs de France ; on ne lit point qu'ils aient pris ce titre ni qu'ils fussent appelés au sacre ; quand on commence à les y voir par représentation, ces provinces étaient pour la plupart réunies à la couronne. Ce n'est qu'au sacre de Charles VII, en juillet 1429, qu'on les voit pour la première fois représentés par six seigneurs ; ce qui ferait presque penser qu'on n'affecta cet appareil que pour rendre son sacre plus auguste, et pour attirer à ce prince plus de respect de la part des peuples, dans un temps où ses ennemis, qui étaient maîtres de Paris et de plus de la moitié du royaume, le traitaient de *roi en peinture,* de *roitelet,* de *roi de Bourges.*

Autant Charles VII eut de peine à se soutenir dans les premières années de son règne, autant il devint puissant, quand, par l'adresse de ses ministres, par l'habileté de ses capitaines et par la valeur de ses troupes, il eut chassé de son royaume les Anglais et les Bourguignons. Le clergé, les nobles et le peuple, ruinés par la guerre qui durait depuis si longtemps, lui laissèrent sans résistance changer à son gré les usages les plus anciens.

Sous lui, plus de cours plénières, la guerre contre les Anglais lui servit de prétexte ou de

raison pour n'en plus tenir. Elles étaient fort à
charge au roi et à la noblesse; la noblesse s'y
ruinait au jeu, et le roi en dépenses énormes de
table, d'habits, d'équipages; il lui fallait à chaque
fois habiller ses officiers, ceux de la reine et des
princes; ces habits s'appelaient *livrées*, parce
qu'on les leur livrait aux dépens du roi. Il fallait,
bon gré mal gré, qu'il fît des libéralités, autrement
on ne l'estimait point; y avait-il sur son buffet
quelque vase d'un travail exquis, y avait-il sur sa
couronne un diamant extraordinaire, la coutume
voulait qu'il en fît présent à quelqu'un. Les grandes
sommes qu'il en coûtait pour tenir de ces cours
plénières en amenèrent leur suppression; du
reste, s'il y a eu plus de galanterie, plus d'éclat,
plus de politesse dans les fêtes et réjouissances
qu'on a données depuis à la cour, il y avait dans
ces anciennes solennités plus de grandeur et de
majesté.

Plus de tournois sous Charles VII, du moins
sans sa permission : quand on eut trouvé les armes
à feu, à quoi bon permettre ces joutes pour apprendre à manier des armes dont on ne se servait
plus? Plus de guerres privées; rien n'était plus
contraire à la tranquillité publique. La guerre
contre les Anglais déshabitua peu à peu les seigneurs et les gentilshommes de ces guerres particulières. Les ministres de Charles, profitant de
l'accablement où le peuples se trouvaient alors,
changèrent les bases des finances, de la guerre et
de la justice, ce sont eux qui ont réellement mis

nos rois hors de page, en abolissant les coutumes qui avaient borné jusque-là l'autorité royale.

Le revenu des rois des deux premières races (1), consistait principalement dans les terres qu'ils faisaient valoir. On en compte plus de cent soixante; il y avait dans la plupart un palais, un bois, des étangs, un haras et des bestiaux, des esclaves qui en avaient soin, un *domestique* ou intendant qui commandait à ces esclaves; on y faisait dans la saison toutes sortes de provisions, afin d'y recevoir la cour, et ce qu'elle ne consommait pas se vendait au profit du roi. Quand il faisait un voyage, ce qui arrivait souvent, les villages lui fournissaient des voitures pour ses équipages; il logeait dans les abbayes ou chez les principaux seigneurs; il y était défrayé magnifiquement, et ses hôtes ne manquaient jamais de lui faire, quand il s'en allait, un présent en argenterie. Dans la suite, cette politesse devint une obligation; et quand les rois se dégoûtèrent de mener une vie errante, ils exigèrent un droit de *gîte* (2) des évêques, abbés et seigneurs chez lesquels ils ne logeaient plus. Avec ce peu de revenu, les rois de la première race ne laissèrent pas de temps en temps, n'ayant point d'autre fonds d'ailleurs que ce qu'on leur donnait aux assemblées générales, de faire de grandes conquêtes et de bâtir des forteresses, églises, couvents et palais.

(1) Liv. IV de *la Diplomatique.*

(2) *Glossaire* de du Cange, au mot *Gistum.*

Vers 730, Charles Martel s'empara des biens de
l'Église, sous prétexte de soutenir la guerre contre
les Sarrasins. La véritable cause fut l'avarice de
ce maire du palais; ces biens lui faisaient envie;
ils étaient devenus immenses par les largesses des
fidèles; par l'industrie du clergé qui avait mis en
valeur des terres qu'on lui avait abandonnées
incultes et désertes, et par la dîme que l'Église
prélevait depuis un siècle ou deux sur tous les
biens séculiers. La dîme qu'on payait aux sacrifi-
cateurs de l'ancien Testament fut abolie dans le
nouveau avec la sacrificature; et pendant cinq à
six cents ans il n'y a eu d'autre règle pour ce qu'on
devait donner aux ministres de Jésus-Christ, que
celles de la charité. Saint Augustin est le premier
qui ait engagé les fidèles à payer la dime. Le
second concile de Tours, en 568, y exhorta tous
les Français; le second de Màcon le leur ordonna
dix-sept ans après : cette pieuse imposition que
les peuples mirent sur eux-mêmes devint bientôt
universelle, ce qui accrut infiniment les biens
ecclésiastiques.

Le père de Charles Martel, loin de s'emparer de
ce bien, fit conscience de recevoir une somme considérable que le clergé lui offrait dans son besoin.
Loin d'être aussi modéré, le fils, au contraire, prit
pour lui les évêchés et les abbayes les plus riches, et
donna la plupart des autres à ses principaux capitaines; les petits officiers eurent des cures pour
leur part. Les uns et les autres ne possédèrent
d'abord qu'à vie, et ces différents bénéfices ne

commencèrent réellement à passer du père aux
enfants, que quand la décadence de la famille de
Charlemagne eut amené l'hérédité des fiefs (1); les
biens d'Église entrèrent alors dans le commerce, ils
se vendaient et se partageaient comme les proprié-
tés de famille. On voit dans les cartulaires (2) des
ventes d'églises et d'autels, avec les cloches, les
ornements, calices, croix et reliques. Mariait-on une
fille, on lui donnait en dot une cure dont elle affer-
mait la dîme et le casuel ; ce désordre continua pendant la seconde race, et quelques années dans la
troisième. Hugues Capet et son père étaient abbés
de Saint-Denis, de Saint-Germain-des-Prés, de
Saint-Martin de Tours, de Corbie et de Mar-
moutier.

Ce bien ecclésiastique, qui avait enrichi les
grands lorsqu'ils s'en étaient emparés, commença
à les appauvrir quand à force de remontrances les
évêques et les papes les engagèrent à le rendre
sous le règne de Robert et de son fils Henri Ier. Le
revenu des rois en diminua notablement; il n'était
pas alors bien grand : on ne leur faisait plus de
présents extraordinaires, comme on en faisait autrefois aux assemblées du Champ de Mars, et il
leur restait peu de ces grandes terres qui avaient
fait la richesse de leurs prédécesseurs.

---

(1) *Perlatum est ad nos quod inter hœredes Ecclesiœ in rebus pro-
priis divendantur.* IIe concile de Châlons.

(2) *Glossaire*, au mot *Ecclesia*. — Cartulaire de l'abbaye de Farse.
— Duchesne, tome III, page 650 et suiv.

Le revenu des rois étant donc beaucoup di-
minué par la restitution du bien d'Église qu'ils
possédaient, ils se virent obligés, quand ils entre-
prirent des guerres, de demander du secours à
leur peuple. La croisade de Louis VII attira une
première taxe en 1147. Une semblable expédition qu'entreprit son fils Philippe-Auguste
en 1190 en amena une seconde; celle-ci alla au
dixième de tous les biens, meubles et immeubles;
la noblesse et le peuple s'étaient plaints avec tant
d'aigreur de la première taxe, que, de peur de les
irriter, on ne leva la seconde que sur les ecclésiastiques. Les voyages d'outre-mer étaient alors
tellement à la mode, et le peuple les considérait
comme des actes si méritoires, qu'on eût lapidé
les évêques qui auraient refusé d'y contribuer.

Quoique depuis saint Louis il ne se soit plus fait
de croisades, on n'a pas laissé de temps en temps
de lever sur le clergé de France des *décimes* plus
ou moins fréquentes, selon que le pape et le roi
étaient plus ou moins amis. François Ier en obtint
une en 1515, sous prétexte d'une expédition qu'il
devait faire en Orient pour en chasser les Turcs;
à cette occasion, on taxa tous les bénéfices au
dixième de leur revenu. Bien que cette imposition, aux termes mêmes de la bulle, ne dût être
que pour un an, on continua de l'exiger, et elle
fut enfin convertie, en 1561, en seize cent mille
livres de rente, que le clergé paye pour le roi en
l'hôtel de ville de Paris.

Une autre ressource qu'eurent les premiers rois

de la troisième race fut de bannir et de rappeler les Juifs, de les flatter ou de les maltraiter, afin de tirer de ces sangsues ce qu'elles avaient sucé de trop du sang du peuple français. Trente-sept ans après la mort du Fils de Dieu (1), Titus assiégea Jérusalem et la mit à feu et à sang ; il périt à ce siége onze cent mille Juifs, quatre-vingt-dix-sept mille furent menés en esclavage, le reste se dispersa. Il en passa dans la Gaule un certain nombre ; le négoce les y enrichit ; l'usure les en fit chasser par Childebert Ier en 533, par Dagobert cent après, par Philippe Ier en 1096, par Philippe II en 1182. Ils y rentrèrent l'an 1198, en promettant au roi un présent en argent comptant, et à chaque seigneur, sur les terres de qui ils établirent leur demeure, une redevance tous les ans ; moyennant ces conditions, le roi et les seigneurs les prirent sous leur sauvegarde ; mais cette protection, si favorable en apparence à la sûreté des Juifs, ne servit que de prétexte pour augmenter de temps en temps le poids de leur servitude (2) ; le roi et les seigneurs, les regardant comme des demi-esclaves, les vendaient et les troquaient, et assignaient sur eux le payement de toutes leurs dettes. Le douaire de Marguerite de Provence, veuve de saint Louis, était assigné sur les Juifs,

(1) Les *Établissements de saint Louis*, liv. 1, chap. 127, rapportés par du Cange, dans l'histoire de ce saint monarque. Autres statuts du même roi, de 1230, rapportés par Duchesne, tom. VIII, page 421.

(2) Registres de la chambre des comptes, rapportés par le traité de police, vol. 1, liv. 2, tit. 5, page 283.

7

qui lui payaient chaque quartier deux cent dix-neuf livres sept sous six deniers.

Tant de mauvais traitements ne rebutèrent point cette nation opiniâtre ; ces usuriers s'en consolaient par le gain qu'ils faisaient en France, quoiqu'à proportion de ce gain on ne cessât de les harceler pour en avoir une partie ; pour cela, on les accusait d'avoir empoisonné les puits, égorgé de petits enfants, ou crucifié un homme le jour du Vendredi saint ; ou bien on voulait les forcer à se convertir. Saint Louis ordonna, en 1296, qu'ils porteraient devant et derrière une pièce jaune sur leur habit ; cette pièce s'appelait la roelle. Philippe III y ajouta, en 1227, une corne sur le bonnet. Philippe IV les dispensa de porter ni corne, ni roelle. Après avoir été pendant deux ou trois cents ans la victime et le jouet de la cupidité des grands, ils furent bannis du royaume à perpétuité. Bien des gens n'approuvèrent point que Philippe le Bel eût chassé de ses États des citoyens laborieux, qui pouvaient dans l'occasion lui fournir ou lui prêter de grandes sommes en argent comptant.

Louis X (1), dit le Hutin, ayant trouvé l'épargne vide lorsqu'il vint à la couronne, et ayant grand besoin d'argent, fit deux choses qui lui en donnèrent. L'une fut de permettre aux Juifs de revenir dans le royaume, et l'autre d'obliger les serfs à se racheter ; le roi en avait une quantité

(1) Joan. Gall., *Quæsti. variæ quest.*, 118.

prodigieuse, ce qui produisit infiniment, parce qu'ils travaillaient tous plus pour lui que pour eux : ce ne fut point volontairement qu'il payèrent la taxe à laquelle on les imposa, elle parut à ces âmes avilies plus dure que la servitude.

Quoique ce ne fût que pour treize ans que Louis X eût permis aux Juifs d'exercer leur commerce en France (1), il tira d'eux, en argent comptant, cent vingt-deux mille cinq cents livres, somme énorme pour ce temps-là ; et de plus, il se fit céder les deux tiers de ce qu'on leur devait lorsque le roi son père les avait exilés. Philippe V confirma cette permission, parce qu'ils lui firent un gros présent ; Philippe VI la révoqua. Jean leur en accorda une nouvelle pour vingt ans ; Charles V une autre pour seize ; sous Charles VI, accusés d'avoir fait mourir en croix, le jour du Vendredi saint, un enfant chrétien, il furent chassés pour toujours, avec défense de revenir sous peine d'être brûlés vifs.

Le changement de la monnaie ne fut pas d'un moindre secours ; mais c'est là un des points de notre histoire les moins éclaircis ; avant Philippe le Bel, on ne voit sur ce sujet rien de bien certain. Chez toutes les nations il y a toujours eu deux sortes de monnaie, une monnaie réelle (ce sont les pièces qui ont cours), et une monnaie imaginaire (c'est la monnaie de compte que l'on a inventée pour faciliter le commerce). Les Grecs et les Juifs

---

(1) Livre Rouge du Châtelet de Paris, fol. 28.

comptaient par mines et par talents, les Romains
par sesterces; on comptait en Angleterre par livres sterling, en Hollande par gros, en Allemagne
par florins, en France par livres. Henri III ordonna, en 1577, que l'on compterait par écus,
mais Henri IV, vingt ans après, rétablit le compte
par livres; la livre a toujours été de vingt sous, et
le sous de douze deniers : autrefois douze deniers
pesaient un sou, et vingt sous pesaient une livre.
Les sous et les deniers ont été d'argent fin jusqu'à
Philippe Ier ; on y mêla un tiers de cuivre en 1103,
moitié dix années après, les deux tiers sous Philippe IV, les trois quarts sous Philippe VI. Cet
affaiblissement alla toujours en augmentant ; et les
choses ont si fort changé, que vingt sous, qui,
avant l'an 1000, pesaient une livre d'argent, ne
pèsent pas le tiers d'une once.

Les anciennes monnaies étaient toutes frappées
au marteau; le moulin, machine inventée vers
l'an 1550, est plus propre à rendre les lames
d'une épaisseur et d'une dureté convenable; cette
machine ne parut en France qu'en 1648. Ni Briot
ni Varin n'en étaient les inventeurs ; il y avait
longtemps qu'on s'en servait en Allemagne avant
que ces deux graveurs l'eussent mis en usage en
France. Jusqu'à Henri II, il ne s'est point fait de
monnaie qui ait porté le nom du prince ; toutes
les pièces, avant ce règne, prenaient leurs noms de
la figure qui y était empreinte. Telles étaient les
agnels, saluts, angelots, chaises, pavillons, cheva-
lots, reines, lions, moutons, et les écus à la cou-

ronne, au porc-épic ou au soleil ; ces espèces étaient d'or ; les plus fortes ne valaient pas plus de sept livres dix sous de notre monnaie : la pièce la plus forte qu'on ait fabriquée en argent est l'écu de six livres.

Le roi seul faisait faire de la monnaie d'or d'un plus haut prix que d'un denier ; il était le seul qui en frappât de pur argent ; les seigneurs ne pouvaient en faire faire que de billon ; il n'y avait dans le royaume qu'un petit nombre de seigneurs qui eussent droit de battre monnaie(1). On compte parmi les prélats : les archevêques de Besançon, de Lyon, de Reims et de Vienne ; les évêques d'Amiens, d'Arras, d'Autun, d'Auxerre, de Beauvais, de Cahors, de Châlons, de Clermont, de Langres, de Laon, de Lodève, de Marseille, de Meaux, de Metz, de Montpellier, de Noyon, d'Orléans, de Toul, de Valence et de Verdun ; les abbés de Cluni, de Saint-Denis en France, de Saint-Martin de Tours, et le prieur de Savigni. Parmi les laïcs, il n'y avait que les hauts barons ; tels qu'étaient les ducs et les comtes, et quelques vicomtes privilégiés, comme les vicomtes de Béarn, de Narbonne, de Limoges, de la Brosse, de Turenne ; et les seigneurs de Mehun, de Châteauroux, de Châteauneuf, d'Auxonne, de Châteauvillain, de Vierzon et de Fauquemberge.

Rien n'était plus embarrassant que cette quantité de monnaies, toutes différentes en poids, en

(1) *Glossaire* de du Cange, au mot *Moneta*.

prix, en titre. Celles du roi étaient reçues partout ;
les monnaies des barons n'avaient cours que dans
leurs seigneuries. A mesure que les rois sont devenus puissants, ils ont supprimé toutes ces espèces différentes ; il fallut autant de prudence que
de temps pour en venir à bout. Charles VII y mit
la derrière main en ordonnant que ses monnaies
seraient les seules qui auraient cours dans toute
l'étendue du royaume. L'altération de la monnaie
fut le plus prompt et le plus sûr moyen que trouva
ce monarque pour soutenir la guerre contre les
Anglais. L'affaiblissement qui se fit de son temps
est le plus grand qu'on ait vu ; il produisait sur
chaque marc d'argent que l'on convertissait en
monnaie un bénéfice de deux cent soixante-dix
livres ; et de plus de deux mille cinq cents sur
chaque marc d'or.

Ces casuels et revenus extraordinaires, joints
aux domaines de nos rois, suffirent tant que ces
princes n'eurent guerre qu'avec quelques gentilshommes qui pillaient l'Église et le peuple, comme
du temps de Louis le Gros, ou avec les ducs et les
comtes qui relevaient de la couronne. Mais quand
ils eurent sur les bras toutes les forces d'Allemagne, d'Angleterre, de Flandre, d'Espagne, il fallut
trouver d'autres fonds ; de là vinrent à différentes
époques la *gabelle*, les *aides*, la *taille*. La gabelle
se prend sur le sel, les aides sur les marchandises
et boissons, et la taille sur les personnes. L'impôt
sur le sel commença sous Philippe IV, en 1286 ;
cet impôt sous Philippe V fut de deux deniers par

minot, de quatre sous Philippe VI, de six sous
Jean, de huit sous Charles V, de douze sous
Charles VII, et de beaucoup plus sous Louis XI;
c'est Philippe VI qui, en 1331, établit le grenier
à sel, et obligea le premier les populations de certaines contrées à prendre du sel à ces greniers.

Le vassal autrefois devait des aides au seigneur
quand le seigneur faisait son fils aîné chevalier,
lorsqu'il mariait sa fille aînée, ou qu'il était fait
prisonnier dans une guerre légitime ; le vassal en
devait encore quand le seigneur achetait une terre,
ou qu'il allait à la croisade. Ces aides anciennes ,
que l'on appelait en ce temps-là *loyaux, aides,
aides coustumiers*, servirent de modèle sous le roi
Jean pour en établir vers l'an 1354, qui furent
payées par tout le monde. Cette imposition n'était
que d'un sou pour livre, tant sur le vin et les
autres boissons qui se vendaient en gros et en détail, que sur toutes les autres denrées qui se trans-
portaient hors du royaume. Louis IX leva une
taille sur le peuple à l'occasion de la croisade de
1248 ; quelques-uns de ses successeurs, en des nécessités pressantes, renouvelèrent cette imposition.
La taille fut forte sous Louis XI ; elle était si mo-
dique du temps de son père, que dans les villes et
villages c'était à qui en payerait davantage.

Ces différents subsides augmentèrent de temps
en temps, selon les besoins de l'État; ils étaient
temporaires; la gabelle n'est devenue habituelle
que depuis le règne de Jean, les aides depuis sa
prison , la taille depuis Charles VII. Ces subsides

ne se levaient que du consentement des peuples ;
c'étaient les états généraux qui en ordonnaient la
levée et qui se chargeaient de la faire ; cette manière de lever les deniers publics ayant de grands
embarras, Charles VII la changea ; et au lieu des
officiers qui étaient commis par les états, il en mit
d'autres qui, en son nom, reçurent les aides, taille
et gabelle, et qui n'en comptaient plus qu'à lui :
le peuple ne se plaignait point de cette nouveauté,
parce qu'il ne s'en trouva pas plus mal. Si le clergé
en murmura, ce fut inutilement. La noblesse ne
s'y opposa point, parce que, n'ayant plus permission de mettre des troupes sur pied, elle n'était
plus en état de faire aucune résistance ; nous
l'avons déjà dit, tant que la noblesse put armer,
elle donnait la loi plutôt qu'elle ne la recevait.

Autrefois les armées étaient composées des
troupes que les feudataires étaient obligés d'y
mener ; chacun en fournissait selon son contin-
gent, et les commandait en personne. Les compagnies d'hommes d'armes, qui faisaient le gros de
l'armée, n'avaient pas d'autres capitaines que les
chevaliers bannerets à qui elles appartenaient. Ces
chevaliers, en temps de paix, continuaient d'entretenir plus ou moins de monde sur pied, à proportion de l'étendue et de la dignité de leur fief ;
ce qui les rendait si puissants, qu'on n'aurait osé,
malgré eux, rien changer à l'ancien usage, s'ils
n'eussent fait naître, sans y penser, l'occasion de
les désarmer. Les seigneurs, épuisés par la cruelle
guerre qui durait depuis longtemps entre la France

et l'Angleterre , ayant remontré à Charles VII qu'ils ne pouvaient, de plusieurs années, ni lever ni entretenir leurs compagnies d'hommes d'armes, Charles, bien conseillé, les en dispensa pour toujours. Par là il les désarma ; car , dès qu'ils ne furent plus tenus de mener des troupes à l'armée , ils perdirent le droit d'en avoir sur pied.

Depuis ce temps-là on n'a plus entendu parler de bannerets ni de bacheliers ; les gentilshommes de vieille race se sont qualifiés chevaliers, sans avoir reçu l'accolade. Il était plus aisé d'en usurper le titre que de s'en rendre digne ; une qualité si éminente ne s'était donnée jusque-là qu'au mérite et à la vertu ; mais pendant la guerre des Anglais, et pendant celle qu'excita la rivalité des maisons d'Orléans et de Bourgogne, on fit tant de chevaliers qui ne le méritaient point , que la dignité s'avilit.

Les milices que les vassaux de la couronne étaient tenus de fournir au roi lui donnèrent des troupes réglées, et toutes de la nation, ce qui aurait rendu la France invincible, si on eût continué à n'en point mettre d'autres sur pied : car, au dire des gens du métier , il n'y a pas de comparaison entre le service que rendent les troupes de la nation et le secours qu'on attend souvent en vain des troupes étrangères ; d'où est venu ce paradoxe en politique, qu'il est plus avantageux d'être battu avec ses troupes que de vaincre par celles d'autrui. Les *compagnies d'ordonnance*, c'est ainsi qu'on appelait les troupes levées par le roi, étant payées exactement au moyen de la taille qu'on établit à cette occasion, on châtia sévèrement le cavalier ou le fantassin qui maltraitait le paysan, ou qui ne faisait pas son devoir ; on punissait également l'officier et le soldat, le noble et le roturier. Avant cette époque, le sang de la noblesse ne se versait que dans les batailles, et jamais sur les échafauds, si ce n'est pour des crimes de haute trahison.

Depuis que les gentilshommes eurent été désarmés, on ne les épargna plus : avaient-ils mérité la mort, on les y condamnait, ou bien dans certains' cas on les dégradait de noblesse ; cette bonne justice produisit bientôt son effet, le peuple en fut moins maltraité, et la guerre s'en fit beaucoup mieux. Charles VII n'était pas capable de soutenir seul un si grand dessein ; ce fut l'ouvrage de ses ministres, gens habiles et prévoyants ; ils ne manquèrent qu'en une chose pour ce qui concerne la guerre, qui était, ou de supprimer la dignité de connétable, ou du moins de diminuer sa trop grande autorité.

Tant qu'il y a eu en France un *grand sénéchal* (1), c'est-à-dire depuis Pépin jusqu'à Philippe-Auguste, *le connétable* n'a été que le premier écuyer du roi. Sous ce premier écuyer, il y en avait deux autres qui étaient appelés *maréchaux*, parce qu'ils avaient soin de l'écurie et qu'ils en dressaient les chevaux. Quelques-uns de ces officiers s'étant trouvés gens de mérite et en faveur auprès du roi, ils eurent le commandement de la

(1) Godefroy, grands officiers. — Du Tillet, in-fol., page 274.

cavalerie ; leurs successeurs se rendirent dignes
de l'avoir : ce qui fit qu'insensiblement on ne le
donna plus qu'à eux. Le roi s'en faisait honneur ;
d'ailleurs il y trouvait son avantage, parce qu'ils
dépendaient plus de lui que n'eussent fait d'autres
commandants. Ces écuyers , devenus généraux
d'armée, gardèrent entre eux , dans le service , la
la même subordination qu'ils avaient eue dans les
écuries : les maréchaux de France n'étaient dans
l'un et dans l'autre emploi que les lieutenants du
connétable.

Tels furent les commencements de ces illustres
charges, qui dans la suite sont devenues les premières de la couronne. Les maréchaux de France
en font foi et hommage , et ne peuvent en être
privés, d'après les lois ordinaires, sans qu'on fasse
leur procès. La dignité de connétable donnait un
trop grand pouvoir ; le connétable était le maître
des armées , il nommait les officiers et les cassait
à son gré ; il livrait bataille quand il le jugeait à
propos ; en paix comme en guerre, il était le chef
de tous les conseils et avait le pas sur le chancelier , même au parlement. Un si grand pouvoir
rendait cette charge si formidable , que les rois
qui ont su régner l'auraient volontiers supprimée,
si le temps le leur eût permis. Louis XI , tout
habile qu'il était, eut le tort de la donner ; mais il
s'en repentit , et une des causes de la mort du
connétable de Saint-Pol fut le désir qu'avait le
roi de se défaire d'un officier qui allait de pair
avec lui.

Si les ministres de Charles VII furent loués par les gens habiles d'avoir mis l'ordre dans la guerre, ils ne le méritèrent pas moins pour avoir réglé, autant qu'ils purent, ce qui regarde la justice. Sous la première race, et longtemps sous la seconde, la justice ne se rendait qu'au nom du roi, parce qu'alors il n'y avait que lui de souverain dans le royaume ; les comtes et les ducs la rendaient en personne dans les lieux de leur ressort ; mais depuis que sous Charles III, qui mourut en 929, ils se furent faits princes de leurs villes, ils s'abstinrent du métier de juge et nommèrent des officiers pour rendre sous eux la justice. Les fiefs en même temps étant devenus héréditaires, le gentilhomme fut le seigneur et le juge de son village ; ses pairs, c'est-à-dire ses premiers vassaux, étaient ses conseillers nés. Les seigneurs, dans la suite, s'ennuyant des fonctions de juge, mirent à leur place des *prévôts*, qui jugeaient en dernier ressort, parce que, les justiciables étant alors serfs du seigneur, ils ne pouvaient se plaindre qu'à lui des prévarications du juge. Lorsque sous Louis le Jeune, et sous son fils Philippe-Auguste, les villes, bourgades et villages se furent rachetés de la servitude, comme nous l'avons déjà vu, les choses changèrent de face.

Les habitants devenus libres avaient-ils reçu quelque tort de leur seigneur ou de son juge, ils en portaient leurs plaintes au roi, qui convoquait un *parlement ;* c'était une assemblée nombreuse de prélats et de gentilshommes formée pour exa-

miner ces plaintes. Les seigneurs n'eurent point
sujet de s'élever contre cette nouveauté, non-seulement parce que le procès y était jugé par leurs
pairs, mais principalement parce que le roi, ayant
confirmé tous les traités qui s'étaient faits pour
l'affranchissement des villes, était nécessairement
le juge des contraventions : c'était par là qu'insensiblement il recouvra une juridiction, sinon directe,
du moins médiate et par appel, sur les sujets de
ses vassaux.

Quoique avant l'affranchissement des villes,
bourgades et villages, on ne donnât le nom de
parlement qu'aux assemblées qui se tenaient pour
affaires d'État, on appela ainsi dans la suite les
assemblées où l'on jugeait les affaires des particuliers, parce que le roi les présidait et que les unes
et les autres étaient composées de prélats, de barons
et de chevaliers ; avec cette différence, que les seigneurs en général avaient le droit de se trouver à
l'ancien parlement, et qu'il n'entrait dans le nouveau que ceux que le roi nommait. Le nouveau
parlement se tenait où le roi voulait et quand il le
trouvait à propos.

Les affaires se multipliant, les rois réglèrent
qu'il se tiendrait à Pâques et à la Toussaint, et
que chaque séance durerait deux mois ; il se tenait
à Paris plus souvent qu'ailleurs, afin d'enrichir
cette ville par l'affluence des plaideurs : il n'y fut
sédentaire qu'en 1302. C'est Philippe le Bel qui
ordonna qu'à l'avenir cette assemblée se tiendrait
dans une des chambres du palais qu'il venait d'y

faire bâtir : à chaque séance, de nouveaux juges ;
rarement on les continuait ; tous étaient d'Église
ou d'épée ; le nombre n'en était point fixé.
Philippe de Valois régla, en 1344, qu'il y en aurait
trente, sans y comprendre les présidents, dans
la chambre du plaidoyer, aujourd'hui appelée
grand'chambre ; quarante aux enquêtes, huit aux
requêtes.

Jusqu'au règne de ce prince, il n'était point
entré de laïcs au parlement sans qu'ils fussent au
moins chevaliers ; si on y appelait des gens de loi,
ce n'était que pour les consulter ; sur la fin de ce
règne, ils y eurent voix délibérative et entrée
comme les chevaliers ; cela fit de la bigarrure. Les
chevaliers, à l'ordinaire, s'y trouvaient l'épée au
côté et avec leur manteau ; les gens de loi, au contraire, n'osant prendre le manteau qui était l'habit
de chevalier, n'étaient vêtus que d'une robe qui
n'était pas ample et traînante comme la robe d'aujourd'hui, mais serrée comme une soutane. Le
chevalier s'appelait *messire* ou *monseigneur*, et on
ne traite encore aujourd'hui le parlement de *nos-
seigneurs* qu'en mémoire des chevaliers qui le
composaient autrefois ; les légistes, au contraire,
fussent-ils présidents, et même premiers présidents, n'étaient qualifiés que de *maîtres*. Le premier président Mauger (1), qui mourut en 1418,
n'est point appelé autrement dans les registres du

---

(1) Voyez son épitaphe et celle de sa femme, page 6 de l'*Éloge des
premiers présidents*, par Blanchard.

parlement ; et Philippe de Morvilliers, d'ailleurs homme de qualité, ne fut pas traité de messire avant d'avoir été fait chevalier. Les présidents à mortier, qui représentent les chevaliers, en ont conservé l'habit, et la robe des gradués est demeurée aux conseillers qui leur ont succédé.

L'arrivée des légistes causa de grands changements ; ces gens, pleins des formalités qu'ils avaient puisées dans le droit, introduisirent la procédure, et par là se rendirent maîtres des affaires les plus difficiles. Ce jargon de chicane rebuta les chevaliers, qui n'y entendaient rien. Une autre mortification fut de se voir assez souvent présidés par un gradué, au lieu que, dans les premiers temps, c'était toujours un haut baron qui présidait le parlement. Enfin ce qui acheva de les dégoûter, c'est qu'il devint perpétuel ; cette assiduité ne leur laissant plus assez de temps pour prendre soin de leurs affaires, ni pour faire pendant la guerre le service qu'ils devaient au roi, ils trouvèrent là un motif pour ne pas aller au parlement. Les archevêques et les évêques, qui autrefois avaient tous le droit d'opiner dans ces assemblées, en avaient été congédiés, sous le règne de Philippe V, sous prétexte qu'ils étaient tenus de résider en leurs églises. Par suite du congé donné aux uns et de la retraite des autres, les légistes y restèrent seuls : ce qui a donné à la robe la considération dont elle a toujours joui depuis ce temps.

La lumière et la probité de ces premiers docteurs en droit, qui eurent séance au parlement, les mirent en haute réputation ; ils se laissaient rarement surprendre, jamais corrompre ; ils ne recevaient ni présents ni visites. Un grand fonds d'honneur faisait toute leur richesse ; ils vivaient de leurs émoluments, et quand ils n'étaient point payés, ils reprenaient leur métier, qui était d'enseigner le droit : cette simplicité ne diminuait en rien le respect qu'on avait pour eux ; au contraire, ils n'en étaient que plus honorés. Leur principale occupation était d'expédier les parties ; les procès duraient peu, on les vidait tous en deux mois, pour ne point les laisser traîner jusqu'à un autre parlement ; la justice se rendait sans frais, l'arrêt même ne coûtait rien, le greffier en était payé sur un fonds que faisait le roi. Un malheureux commis, qui venait de toucher ce fonds, s'étant enfui sous Charles VIII, ce prince, qui était en guerre avec ses voisins et qui avait fort peu d'argent, se laissa aisément convaincre par quelques-uns de ses ministres qu'il n'y avait nulle injustice à faire payer aux parties l'expédition de leurs arrêts.

Jusqu'à Charles V, c'était le roi qui avait nommé les officiers du parlement ; Charles, pour faire voir qu'il était moins jaloux de maintenir son autorité que d'assurer le bien public, voulut que les conseillers, présidents, et le chancelier même, fussent élus par scrutin à la pluralité des voix ; c'est ainsi que Pierre d'Orgemont fut élu chancelier de France, en présence de ce monarque, dans une assemblée générale des princes, prélats et barons, et de tous les présidents et conseillers du parlement, tenue au Louvre le 20 novembre 1373. Dans de pareilles assemblées tenues à l'hôtel Saint-Paul en présence de Charles VI, furent élus chanceliers de France Arnaud de Corbie (1389) et Henri de Marle (1413). C'est sous ce même roi que le parlement commença à se tenir toute l'année. Charles VII, après la paix, rentra en possession, comme ses prédécesseurs, d'en remplir les places vacantes. Louis XI, pour faire acte d'autorité, sans attendre qu'il vaquât des places, changeait continuellement les membres du parlement. Matthieu de Nanterre, de chef de cette compagnie, en fut fait second président (1465), sans autre raison que le roi voulait faire voir qu'il était le maître.

Les charges de judicature n'ont été perpétuelles et inamovibles que depuis qu'elles sont vénales. C'est sous François Iᵉʳ que l'on commença à les vendre; les Français, affamés d'honneurs et d'emplois, mirent là leur argent comptant. Elles devinrent une mine d'or qui dans la suite a produit des sommes immenses, sans qu'il en ait coûté au roi autre chose que des traitements plus ou moins forts, dont il s'est remboursé par le moyen de la *paulette;* c'est ainsi qu'on appela, du nom de Charles Paulet qui en fut l'inventeur et le premier fermier, le droit qu'on obligea les gens de robe et de finance de payer au roi tous les ans, pour pouvoir dans l'année disposer de leurs charges et être dispensés de la règle des quarante jours. Auparavant il fallait que les résignants survécussent de quarante jours à leurs démissions; autrement leurs charges étaient dévolues au fisc.

Comme le roi en profitait peu, et que souvent il les donnait à l'importunité des grands, on s'avisa, sous Henri IV, en 1604, pour trouver de quoi rétribuer ces officiers, de les dispenser de cette règle, moyennant qu'ils payeraient au roi, tous les ans, le soixantième de la finance de leurs charges. Cette dispense était une grâce et non une vexation; cependant on ne laissait pas de crier fort contre ce droit; mais les choses changèrent tellement en moins de quatre à cinq ans, que les titulaires se fussent plaints d'être ruinés si on eût refusé de les admettre à le payer. Quoique cette grâce ne fût d'abord accordée que pour neuf ans, on l'a toujours renouvelée pour un pareil nombre d'années jusqu'en 1709; alors on obligea les officiers à racheter le fond de ce droit. Un mal incurable qu'a fait la paulette, c'est qu'elle a perpétué la vénalité des charges, ce qui a fermé pour toujours la porte des honneurs civils à beaucoup de personnes de qualité et de mérite, qui la plupart ne sont pas riches, et l'a ouverte à des gens qui quelquefois n'ont d'autre titre qu'un bien acquis d'une façon équivoque.

Dès que les charges furent devenues vénales, on donna des lieutenants de robe à tous les officiers d'épée; on interdit à ceux-ci la plupart de leurs fonctions, pour les attribuer aux autres. Tout ce qui n'était que commission, dans les parlements et ailleurs, fut créé en titre d'office; ces créations et toutes celles qu'on a faites sous les règnes suivants, ont multiplié à l'infini le nombre des officiers de finance et de judicature.

Le premier de tous et celui qui a contrôle sur les autres, c'est le *chancelier*; sa charge ne se vend point; à quel prix pourrait-on la mettre? et qui serait assez riche pour la payer? Elle est présentement la première charge de la couronne, autrefois elle n'était que la cinquième; il y avait avant lui le sénéchal, le chambellan, le grand maître et le connétable. Le chancelier ne se mêlait que de l'expédition des lettres; on l'a appelé *référendaire* sous la première race, et *chancelier* sous la seconde, référendaire, parce que c'était lui qui rapportait toutes les lettres devant le roi; chancelier, parce qu'il les barrait quand elles n'étaient pas bien dressées, ou parce qu'il les scellait dans un endroit enfermé de grilles, autrefois appelé *chanceaux*. Son pouvoir s'accrut sous la troisième race, par la suppression de quelques-unes de ces grandes charges qui avaient rang avant la sienne (1); néanmoins, en 1224, il eut peine à obtenir d'avoir voix délibérative dans l'assemblée des pairs; et depuis que le parlement fut sédentaire à Paris, il n'y eut place pendant longtemps qu'après les évêques et les princes.

L'autorité de ce premier officier est montée peu à peu au point où nous la voyons; il préside tous

(1) Du Tillet, page 278, in-f°. — Tessereau, *Grande Chancellerie*, page 8, etc.

les conseils, et ne peut être récusé ; il accorde ou refuse les lettres, grâces et rémissions, comme ferait le roi en personne. C'est le seul homme du royaume qui ne porte point le deuil ; dès qu'il est parvenu à cette dignité, il se détache, pour ainsi dire, de lui-même et de sa famille, pour ne plus représenter que la justice dont il est le chef : il ne siérait pas bien que cette vertu toute divine parût se ressentir des faiblesses humaines. Je parlerai plus amplement de cette dignité quand je donnerai la liste de ceux qui l'ont possédée.

Ce n'est pas seulement par la réforme de la guerre, des finances et de la justice, que les ministres de Charles VII rendirent son règne remarquable, mais encore par les sages lois qu'ils publièrent contre les modes, contre le luxe et contre le jeu. Les modes autrefois duraient beaucoup plus longtemps qu'elles n'ont fait depuis cent ans ; ce changement continuel qu'on reproche à la nation, marque moins sa légèreté, quoi qu'en disent les étrangers, que la fécondité du génie de nos ouvriers à inventer tant de façons de se coiffer et de s'habiller. Chacun savait dans l'ancien temps de quelle couleur, de quelle forme et de quelle étoffe il devait s'habiller ; un écuyer n'aurait pas osé prendre un habit de chevalier, encore moins un homme du peuple s'habiller comme un écuyer. Philippe le Bel fixa, par son ordonnance de 1294, l'étoffe qu'on devait porter, le prix qu'on y pouvait mettre, et ce qu'on devait donner de façon, chacun selon sa naissance, son âge ou sa profession. Il supprima par cet édit quelques modes qui étaient à charge, et défendit expressément qu'on en inventât de nouvelles.

Il n'y a point de lois qui s'exécutent moins que les lois somptuaires ; pour une mode qu'on supprime, il en naît aussitôt une autre aussi ruineuse que la première ; et quelques défenses qu'on fasse, l'industrie de l'ouvrier trouve moyen de les éluder. Philippe ne fut point obéi ; on vit naître de son temps plus de modes qu'auparavant, et les plus bizarres du monde ; témoins ces souliers pointus qui furent appelés *poulaines*, du nom de l'homme qui les faisait. La pointe de ces souliers était plus ou moins longue, selon la qualité des gens : elle était, pour les riches, au moins d'un pied et demi, et de deux ou trois pour les princes ; plus ce bec était ridicule, plus il semblait beau ; il était recourbé et orné de quelques grotesques ; cette chaussure fut en vogue jusqu'à Charles V, qui eut peine à l'abolir. Quand une mode s'est introduite, quelque bizarre quelle soit, son empire est plus fort que celui des plus sages lois.

Les cheveux longs furent à la mode sous la première race ; le roi les portait très-longs, et ses parents de même, et la noblesse à proportion de son rang et de sa naissance. Le peuple était plus ou moins rasé ; l'homme serf l'était tout à fait ; l'homme de *poële*, c'est-à-dire l'homme payant tribut, ne l'était pas entièrement. Pépin et Charlemagne méprisèrent les cheveux longs ; Charlemagne les portait courts, son fils encore davantage, Charles le Chauve n'en avait point; on recommença sous Hugues Capet à les porter un peu plus longs. Je ne sais pas pour quelle raison cela déplut aux ecclésiastiques, à tel point qu'en quelques endroits on excommunia les gens qui laissaient croître leurs cheveux. Pierre Lombard, évêque de Paris, en fit un tel sujet de scrupule à Louis le Jeune (1), que ce prince fit couper les siens. Les autres rois jusqu'à Louis XIII ne les ont portés que fort courts; les cheveux de saint Louis, de Charles V et de Louis XII, tels qu'on les voit dans leurs portraits et sur leurs médailles ou monnaies, ne passent pas le milieu du cou. Sous Louis XIII, la mode changea; comme il aimait fort les cheveux, on lui fit plaisir de les porter longs; ce changement embarrassa les courtisans : ceux de la vieille cour, qui étaient à demi rasés, furent contraints, pour se mettre à la mode, de prendre des *coins* ou *perruques*.

Pendant plus de mille ans on ne s'est couvert la tête que d'*aumusses* et de *chaperons*. Le chaperon était à la mode dès le temps des Mérovingiens; on le fourra, sous Charlemagne, d'*hermine* ou de *menu vair*; le siècle d'après, on en fit tout à fait de peaux; ces derniers s'appelaient aumusses, ceux qui étaient d'étoffes retinrent le nom de chaperons. Tout le monde portait le chaperon; les aumusses étaient moins communes; on commença sous Charles V à abattre sur les épaules l'aumusse

(1) Thieri, *Traité des Perruques*, page 264.

et le chaperon, et à se couvrir d'un *bonnet*. Si ce bonnet était de velours, on l'appelait *mortier;* s'il n'était que de laine, on le nommait simplement bonnet; l'un était galonné; l'autre n'avait pour ornement que des cornes peu élevées, par l'une desquelles on le prenait. Il n'y avait que le roi, les princes et les chevaliers qui se servissent du mortier; le bonnet était la coiffure du clergé et des gradués. Le mortier fut peu à la mode, les bonnets y ont toujours été; avec cette différence, qu'autrefois ils étaient de laine, et que depuis environ cent ans on ne les fait plus que de carton que l'on couvre de drap ou de serge.

On ne voit point de *chapeaux* avant le règne de Charles VI; on commença de son temps à en porter à la campagne, on en porta sous Charles VII dans les villes, en temps de pluie, et sous Louis XI en tout temps. Louis XII reprit le mortier; François Ier s'en dégoûta, et porta toujours un chapeau; Henri II prit une toque, François II y mit un plumet, et Charles IX des pierreries. Henri III se coiffait en femme; on ne voit ni *fraises* ni *collets* avant Henri II; son père avait le cou nu : à remonter jusqu'à saint Louis, les autres rois l'ont eu de même, hors Charles V, qu'on voit partout représenté avec un collet d'hermine.

L'habit long était autrefois celui des gens de distinction, ils ne portaient l'habit court qu'à l'armée et à la campagne; l'ornement principal de l'un et de l'autre consistait à être bordé de martre zibeline, d'hermine ou de menu vair. On s'avisa

sous Charles V d'armorier les habits ; je veux dire,
de les chamarrer, depuis le haut jusqu'en bas, de
toutes les pièces de son écu ; cette mascarade dura
cent ans. Louis XI bannit l'habit long ; Louis XII
le reprit ; on le quitta sous François Ier ; un goût
de ce prince fut de taillader son pourpoint.
Henri II portait un jupon pour haut-de-chausses,
des trousses de page, et un petit manteau qui
n'allait guère qu'à la ceinture ; les fils s'habillèrent
comme le père. Depuis Henri IV, les habits
d'homme et de femme ont si souvent changé de
modes, qu'il serait fastidieux d'en donner ici le
détail.

Les dames françaises ont été peu parées pendant
huit à neuf cents ans ; leur coiffure était simple,
peu de frisure, nulle dentelle, du linge uni, mais
du plus fin ; leurs robes étaient trop serrées, et
couvraient tout à fait la poitrine. Ces robes étaient
armoriées ; à droite, l'écu du mari ; à gauche, celui
de la femme : les veuves étaient habillées à peu près
comme les religieuses ; cet air de modestie continua jusqu'à Charles VI. Sous son règne, les dames
commencèrent à se découvrir les épaules ; sous
Charles VII, qui aimait les femmes, elles prirent
des pendants d'oreilles, des colliers et des bracelets.
Anne de Bretagne, femme de Louis XII, méprisa
les ajustements ; Catherine de Médicis et Henri III
en inventèrent de nouveaux ; la mère et le fils por-
tèrent le luxe jusqu'à l'excès.

Le luxe est de tout temps et de tout pays ;
comme il n'a d'autres bornes que celles de la

vanité, en vain entreprendrait-on de l'abolir, c'est beaucoup de le modérer. On ne connaissait point le luxe parmi les Français avant qu'ils eussent conquis les Gaules; depuis même cette conquête, ils conservèrent leur modestie, et les lois somptuaires ne furent point nécessaires en France avant le règne de Charlemagne. Les voyages fréquents que ce prince fit en Italie corrompirent les mœurs des Français; ils en rapportèrent l'envie d'avoir des palais, des équipages magnifiques, des meubles superbes, des habits riches et somptueux; c'était à qui ferait venir ce qu'il y avait de plus beau et de plus cher d'au delà des monts. Cette dépense déplut à Charles; il tâcha de la réprimer par la sévérité des lois, et plus encore par son exemple; il était vêtu simplement, hors les jours de cérémonie, où la majesté de l'État doit paraître dans son souverain.

Le désordre augmenta sous ses successeurs; plus les temps furent malheureux, plus la noblesse fit de dépense en habits, en meubles, en festins; ce fut encore tout autre chose quand les étoffes d'or et d'argent et quand les étoffes de soie furent devenues un peu communes. Deux moines venant des Indes, en 555, apportèrent à Constantinople des millions de vers à soie, avec l'instruction pour faire éclore ces œufs, élever et nourrir ces vers, en tirer la soie, la filer et la mettre en œuvre; il s'en fit des manufactures à Athènes, à Thèbes, à Corinthe; Roger, roi de Sicile, en établit une à Palerme, vers l'an 1130; c'est ainsi que ces sortes

8

d'étoffes se multiplièrent en peu de temps en France, comme en Italie. On s'aperçut bientôt du dommage qu'en éprouvait l'État ; le luxe est un fléau qui fait quelquefois plus de mal que n'en font la guerre ou la peste : l'envie d'avoir de ces étoffes gênait les particuliers, et faisait sortir tous les ans du royaume quantité d'argent, parce qu'elles n'y venaient qu'à grands frais.

Cette dépense alla toujours en augmentant jusqu'au règne de Louis XI, qui, par bizarrerie autant que par politique, à ce que disent les historiens, ou par une fausse modestie, était le plus souvent vêtu moins en roi qu'en petit bourgeois, n'ayant point honte de paraître aux plus augustes cérémonies avec un habit de bure, une casaque d'aussi grosse étoffe, une calotte à oreilles, et par-dessus un bonnet gras, qui n'avait pour ornement que des notre-dame de plomb ; quoiqu'on s'en moquât à la ville et à la cour, peu de gens eussent risqué de se mettre proprement, de peur d'irriter un prince cruel et défiant, qui faisait, sans forme de procès, emprisonner, pendre ou noyer les gens qui lui déplaisaient. Sous Charles VIII et sous Louis XII, la pruderie de la reine Anne, qui épousa successivement ces deux rois, entretint à la cour cet air austère et négligé.

La somptuosité y fut excessive sous François Ier, principalement depuis que les dames y furent appelées ; avant lui, elles n'y venaient point ; la passion extrême qu'elles ont toutes d'être parées, la jalousie, la vanité, le désir de plaire à ce prince ou d'attirer sur elles tous les regards, leur faisaient prendre pour s'habiller ce qu'il y avait de plus riche en étoffes. La cour de Henri II fut au moins aussi magnifique, par l'affluence d'hommes et de femmes de la première qualité, par un concours d'Italiens, qui, attirés en France par Catherine de Médicis, apportèrent de leur pays la manière délicate d'employer les belles étoffes ; et enfin, par l'émulation qui régnait entre Catherine et les femmes de la cour, c'était à qui se mettrait le mieux, et qui aurait le plus beau costume.

Cette manie fastueuse augmenta notablement sous la régence de cette reine, femme habile et voluptueuse, également avide de se divertir et de commander, qui gouverna neuf à dix ans pendant le bas âge de Charles IX. Catherine, aimant passionnément les plaisirs, et croyant que le meilleur moyen pour exercer un empire absolu était d'amollir les grands par les charmes de la volupté et de les ruiner par la dépense, les engagea eux et leurs femmes à faire d'énormes frais en habits, festins, bals et équipages ; et bien loin de proscrire les mœurs relâchées, elle s'entourait de filles d'une beauté remarquable, afin de séduire par ce moyen les hommes les plus graves, et de les disposer à seconder ses desseins.

Le luxe n'avait garde de diminuer sous Henri III, dont la plus sérieuse occupation était d'inventer des modes, et de donner le bon goût aux habits d'hommes et de femmes, sous ce prince efféminé, qui aimait la magnificence en véritable connais-

seur, le faste, loin de diminuer, fut porté jusqu'à
l'excès. Les princes et princesses, et, à l'exemple
de la cour, la noblesse et la bourgeoisie se ruinaient en habits superbes; ce luxe excessif con-
fondait les conditions, ruinait les familles et consu-
mait en riches étoffes, en franges et en broderies,
tant de matières d'or et d'argent, qu'on en manquait à la monnaie. Jamais les mœurs n'avaient été
plus corrompues qu'en ce temps-là. Ce fut encore
sous Henri III qu'on poussa la passion du jeu jusqu'à la fureur.

Les Grecs inventèrent les échecs et les dés pour
se désennuyer au siége de Troye; les Indiens,
pour charmer la faim pendant une extrème disette,
inventèrent la paume; ils jouaient un jour, et mangeaient l'autre; comme naturellement les hommes
fuient le travail et n'aiment qu'à se divertir, ces
jeux devinrent si communs qu'on fut contraint de
les défendre et d'armer contre ces passe-temps
toute l'autorité des lois.

De tous temps les Français ont été grands
joueurs (1); avant qu'ils eussent conquis la Gaule,
on dit qu'ils se jouaient eux-mêmes quand ils
n'avaient plus rien à perdre, et par là devenaient
esclaves de celui qui avait gagné : cette manie diminua depuis qu'ils furent établis en deçà du Rhin.
Les jeux de hasard n'étaient point à la mode sous
la première race; ils y furent sous Charlemagne,
et plus encore sous son fils Louis le Débonnaire;

_____

(1) Tacite, *Mœurs des Germains.*

l'un et l'autre les défendirent sous de très-rigou-
reuses peines. Saint Louis, par édit, condamna à
une amende les gens qui jouaient aux échecs;
Charles V défendit la boule, la paume, les quilles,
le palet et tous autres jeux qui ne contribuaient
point à apprendre le métier des armes : c'était dans
un temps de guerre, où toute son attention était
de faire des soldats. Louis XI était joueur, son
fils davantage, Louis XII peu, François Ier encore
moins; le plaisir de Henri II était de courir la
bague, celui de Charles IX de forger et de battre
un fer; la passion de Henri III était le jeu de hasard, il y perdit des sommes immenses; à l'exemple du roi, tout le monde jouait, on ne voyait de
son temps que brelans et académies.

Le mal continua sous Henri IV (1); ce monarque
aimait le jeu, parce qu'il y était heureux; et selon
quelques historiens, il n'était pas fâché que la noblesse s'y ruinât, afin qu'elle fût moins en état de
rien machiner contre lui. Quoique ce prince ait
donné aux Français le funeste exemple de la galanterie, et que cette passion ait exercé sur lui un
grand empire, il n'en était ni moins actif, ni
moins sensible à la gloire; et après avoir triomphé
des plus formidables ennemis, il allait exécuter de
vastes et nobles projets, lorsqu'un exécrable coup
trancha sa vie et ses desseins, le 14 mai 1610.

L'humeur fâcheuse de sa veuve, Marie de Médicis, son opiniâtreté, ses défiances, ses inquié-

_____

(1) Mézerai, in-4o, tome III, page 470.

tudes, sa résistance aux bons conseils et son aveugle attachement à des gens odieux , excitèrent pendant sa régence des troubles qu'elle ne sut pas calmer. Les premières années du règne de Louis XIII se passèrent aussi en cabales , pour maintenir ou pour supplanter les ministres ou les favoris qui tenaient le timon des affaires. L'État était en danger, si Louis XIII, presque malgré lui, après deux ans d'hésitation, n'eût enfin choisi pour ministre le cardinal de Richelieu, génie supérieur, également capable et de former un grand dessein et de le bien exécuter. Les traverses continuelles que causèrent à cet homme d'État la haine de la reine mère , qui avait été sa patronne , les inégalités du roi, les complots continuels que tramaient les grands du royaume , les menées secrètes du roi d'Espagne, de l'empereur et des autres princes étrangers , qui craignaient tous le cardinal , ne l'empêchèrent point de travailler à affermir le royaume , et à le rendre , sinon aussi vaste , du moins aussi florissant qu'il l'était sous Charlemagne.

Si les guerres du dehors , si les intrigues du dedans ne lui permirent point de mener à fin ses projets d'agrandissement de la France , du moins il ne négligea rien pour les pousser le plus qu'il put. Il savait que rien ne fait plus d'honneur au prince , ni de bien à l'État , que de cultiver les sciences et les beaux-arts; ce fut donc par là qu'il commença, n'épargnant ni argent, ni peines, pour faire fleurir la philosophie, la poésie, l'architecture, la peinture et la musique. Il se piquait d'être philosophe, il faisait aisément des vers, et croyait à tort entendre le théâtre mieux que personne de son siècle.

Sous la première race , on n'enseignait en France que la grammaire , l'arithmétique , la dialectique ; l'astronomie fut à la mode sous Charlemagne ; l'astrologie judiciaire eut de la vogue sous Louis le Débonnaire , prince timide et curieux : il n'y avait point de grand seigneur qui n'eût chez lui un astrologue. Les gens sensés ne peuvent admettre qu'on ait la moindre confiance dans l'astrologie judiciaire ; car , autant il y a de danger à vouloir percer l'avenir, autant il y a de faiblesse à se flatter qu'on l'apprendra par cette science. Comment en effet peut-on se persuader qu'on lira dans les astres ce qu'on fera dans le reste de sa vie ? Quelle relation pouvons-nous avoir avec ces grands corps qui sont si éloignés de nous ?

Sous la troisième race , les Français ne se sont appliqués à l'étude de la philosophie que vers l'an 1050 (1). Les écrits d'Aristote ayant été vers ce temps-là apportés de Grèce en Espagne , et d'Espagne en France, ce philosophe y eut bientôt un fort grand nombre de sectateurs ; Bérenger, Abélard , Gilbert de la Poirée , et autres savants esprits, lui donnèrent de grandes louanges. Mais ces hommes étaient tous assez mal notés ; plus ils le

---

(1) Du Boullai, *Histoire de l'Université.* — De Launoi, *De varia Aristotelis fortuna.*

vantèrent, plus sa doctrine devint suspecte ; d'autant plus que les Pères grecs et beaucoup des Pères latins avaient dit, dès les premiers siècles , qu'il n'y a point de philosophe dont les principes soient plus contraires à la croyance de l'Église. Un concile tenu à Paris en 1209 fit brûler en place publique tous les ouvrages d'Aristote , et défendit d'en lire aucun sous peine d'excommunication.

Ces défenses subsistèrent plus de quatre-vingts ans ; ensuite, selon les conjonctures et le degré de crédit des disciples de ce philosophe, ces défenses furent modifiées. On les leva entièrement en 1447; ses sectateurs triomphèrent ; et pour le dédommager de ce qu'il avait été proscrit, ils firent presque passer en loi qu'on n'enseignerait plus d'autre philosophie que la sienne. Leur passion alla si loin , que Ramus, qui était professeur dans un collége de Paris, ayant écrit cent ans après contre la logique d'Aristote , les gens de l'Université (1) firent condamner le livre au feu, et l'auteur à la prison ; il y avait dans cette poursuite, disent les historiens (2), autant de haine contre Ramus, dont ses confrères étaient jaloux , que d'estime pour Aristote. Ramus en ayant appelé, le roi François Ier évoqua l'affaire au conseil ; elle faisait un si grand bruit, qu'il y avait lieu d'appréhender qu'elle ne causât une sédition. Le dessein du roi

---

(1) *Histoire de l'Université*, année 1543 et 1544.

(2) De Thou, 1573.

n'était point de décider cette querelle de collége, mais de calmer les esprits en la faisant oublier. L'affaire traîna ; le dénoûment fut que Ramus reconnut, pour avoir la paix, qu'il y avait de la témérité, de l'orgueil et de l'ignorance à contredire Aristote.

Une si grande victoire affermit pour longtemps l'empire de ce philosophe : qui eût osé s'élever contre lui ? On demeura pendant soixante-dix ans dans un respectueux silence. Gassendi le rompit en 1625, en attaquant fort vivement la philosophie d'Aristote ; Descartes en fit autant quelques années après : ils en voulaient principalement à sa physique, lui reprochant qu'il avait traité cette partie de la philosophie en métaphysicien. A force de décrier la philosophie d'Aristote, ils mirent la leur en crédit. Ces deux puissants génies (1), nés à sept ans d'intervalle l'un de l'autre, l'un en Provence, l'autre en Touraine, ont fait le plus grand honneur à notre pays.

Quelques·uns de nos poëtes ne l'ont pas moins illustré par d'excellentes productions, qui ont été traduites dans toutes les langues de l'Europe. Il y a eu en France, dès le commencement de la monarchie, des poëtes qu'on appelait *bardes*, et qui chantaient les actions des grands hommes : de là venait cette coutume, qui était encore en usage au

(1) Pierre Gassendi, chanoine et prévôt de Digne, né dans un bourg de ce diocèse, mourut à Paris en 1655, à 66 ans. — René Descartes, né à la Haye en Touraine, mourut à Stockholm en 1650, à 54 ans.

8*

commencement de la troisième race, de ne point donner de combat sans qu'un chœur eût entonné avec force la chanson dite de Roland, afin d'animer les troupes par le récit des hauts faits de ce héros imaginaire (1). Guillaume, duc de Normandie, surnommé le Bâtard, étant près de donner bataille à Haralde, son compétiteur pour la couronne d'Angleterre, fit répéter trois fois ce chant avant qu'on sonnât la charge.

La poésie fit peu de progrès sous les rois mérovingiens ; elle fleurit sous Charlemagne, qui l'aimait avec passion ; depuis lors on la négligea jusqu'au règne de Louis VII. Ce fut sous ce prince que naquit la poésie française ; tous les vers composés auparavant l'étaient en un jargon barbare et grossier, composé de tudesque, de gaulois et de latin. En France, comme ailleurs, il y a toujours eu force rimeurs et peu de poëtes : je ne nommerai que ceux qui ont le plus contribué aux progrès de notre poésie.

Abélard fit en vers l'histoire de ses aventures ; il vivait dans le XIIᵉ siècle. Guillaume le Court et Alexandre de Paris traduisirent un poëme latin nommé l'*Alexandriade ;* les vers de cette traduction sont tous de douze syllabes ; on a depuis appelé ces sortes de vers *Alexandrins*, soit du nom d'Alexandre le Grand, qui est le héros de la pièce, soit du nom d'un des traducteurs. Vers 1203, Hugues de Berci, moine de Cluni, fit une satire

(1) Matthieu Pâris, Guillaume de Malmesbury, année 1066.

ingénieuse , où personne n'était épargné ; il lui donna le nom de *Bible*, parce que ce moine prétendait n'y dire que des vérités : cette première poésie était encore bien informe ; sous saint Louis, elle fut plus élégante. Thibaut, comte de Champagne , Pierre Mauclerc , comte de Bretagne , Charles, comte d'Anjou, et Raoul , comte de Soissons, faisaient des chansons renommées. La poésie vint si fort à la mode, qu'il y avait des maîtres à rimer sous le règne de Philippe III, autant que de maîtres à danser. Le roman de *la Rose*, commencé du temps de saint Louis par Guillaume de Loris, fut achevé par Jean de Meun , environ quarante ans après : ce poëme, tout vieux qu'il est , a conservé jusqu'à présent de la réputation , non-seulement parmi les Français, mais même les étrangers. Il y a des endroits d'un aussi bon goût que ce qu'on admire le plus dans les poésies grecques et romaines.

En 1325, une dame de Toulouse, nommée Clémence Isaure , institua les *jeux floraux* ; on les appelle ainsi, parce que les prix que l'on y donne sont une violette et un souci, l'une d'or, et l'autre d'argent. En fondant ces deux prix , cette dame s'est acquis un renom immortel ; le jour de la distribution, on jette des fleurs sur son tombeau , on en couronne sa statue qui est à l'hôtel de ville, et l'on récite en son honneur des vers latins et français. Ces exercices s'établirent en d'autres endroits : par là se perfectionna insensiblement la poésie, qui consistait alors en ballades, en chants royaux, en vaudevilles et en rondeaux.

Corbeil, dit Villon, qui vivait du temps de Louis XI, commença à donner aux vers un tour aisé et naturel. Octavien de Saint-Gelais traduisit, sous Louis XII, l'*Odyssée* et l'*Énéide*, ouvrages moins faits pour être traduits que pour être imités. Melin, fils d'Octavien, fit bruit sous François Ier; on ne voit point avant ce poëte de madrigaux français, il en faisait de fort jolis; ces petites pièces plurent si fort, que pendant un siècle et demi on ne donnait pas de sérénade qu'on ne chantât à l'honneur des dames un madrigal ou deux. Clément Marot, du Bellai, n'eurent pas moins de réputation. Marot est le premier qui ait fait des églogues, des élégies, des épigrammes et des épitaphes en français; il traduisit cinquante psaumes; mais le grave et le sérieux n'étaient point son fait, il ne plaisait que dans le genre enjoué et badin. Du Bellai donna de l'harmonie et de la douceur à ses vers; il fit revivre le sonnet, oublié depuis trois cents ans; c'est lui qui en fixa les règles.

Belleau et Ronsard brillèrent sous Henri II, et surtout sous Charles IX. Belleau fit des pastorales. Les premières œuvres de Ronsard furent des odes et des hymnes; il prétend qu'on n'en a point fait avant lui; son beau génie, son style enflé et sa vaste érudition le firent admirer de son temps: aujourd'hui on aurait horreur de l'inhumanité avec laquelle il écorchait tous les auteurs grecs et la-

tins. Dès que le goût s'est raffiné , Ronsard , du
faîte de la gloire, est tombé presque dans le mépris. Desportes, Bertaut et Pibrac se distinguèrent
sous Henri III : Pibrac, par sa poésie sentencieuse ;
Desportes , par ses vers galants ; Bertaut, par un
tour aisé qu'il savait donner à ses vers. Malherbe
vint sous Henri IV servir de modèle à tous les
poëtes qui aspirent à la perfection ; il a beaucoup
contribué à rendre la langue plus pure et la poésie
plus réglée ; ce qui surprend en lui , c'est qu'il
s'exprime en vers avec autant de netteté et d'un
ton aussi naturel que s'il écrivait en prose.

Sous Louis XIII , de Beuil , marquis de Racan ,
fit des pièces fort estimées ; Théophile mit en
vogue les pointes et les antithèses ; son brillant,
sa vivacité, et plus encore sa hardiesse, imposè-
rent à bien des gens. Mainard savait mieux qu'un
autre assaisonner une épigramme. Voiture remit
à la mode les ballades et les rondeaux ; il y a dans
tous ses ouvrages une finesse et un enjouement
qu'on a peine à imiter. Il n'y a sorte de poésie où
les Français n'aient réussi , hors peut-être dans le
poëme épique. *La Pucelle* de Chapelain , *le Saint-
Louis* du Père Lemoine, le *Clovis,* de Desmarais,
ne sont pas d'assez beaux ouvrages pour entrer en
comparaison avec l'*Iliade* d'Homère , l'*Énéide* de
Virgile, ou la *Jérusalem* du Tasse.

Sous le règne de Louis XIV, Benserade a excellé
dans les vers légers , Boileau dans la satire, et la
Fontaine dans les fables, qui ont le don de plaire
quand ces chimères sont racontées avec esprit ;

elles satisfont si bien la raison, qu'on y prend plus de plaisir qu'à de véritables histoires.

Nos poëtes dramatiques se sont élevés encore plus haut ; les étrangers conviennent qu'il n'y a rien dans l'antiquité de plus beau, ni de plus fini, que quelques pièces de ces grands auteurs. Il ne s'était point fait, avant le règne de Charles V, de pièces de théâtre en français ; ces pièces, même au commencement, n'étaient que des récits en vers sur quelques-uns de nos mystères. Les poëtes travaillèrent à l'envi sur ce nouveau plan ; on y joignit des épisodes ; ainsi insensiblement on en fit une pièce régulière. Les acteurs qui la jouaient prirent des lettres de Charles VI, pour former une compagnie sous le nom de *Confrères de la Passion* ; ces confrères achetèrent à Paris un hôtel, où ils représentèrent la passion du Fils de Dieu, distribuée en scènes et en actes. Le théâtre perd son agrément lorsqu'il représente les mystères de la religion, et on ne peut guère conserver la majesté des mystères en les exposant sur le théâtre. Cette pièce et autres semblables, comme les *Actes des Apôtres,* tout ennuyeuses qu'elles étaient, furent les seules qu'on représenta pendant plus de cent trente ans.

Jodelle en fit d'autres sous Henri II, Baïf sous Charles IX, Garnier sous Henri III et Henri IV, Hardi sous Louis XIII. Ces pièces étaient si fades, il y avait si peu de pensées, si peu d'art, si peu de justesse, le langage en était d'ailleurs si rude, qu'elles vieillirent bientôt. Elles tombèrent tout à fait à la première vue de la *Sylvie* de Mairet, parce que celle-ci valait un peu mieux ; on y courut. Ensuite vint la *Marianne* de Tristan, qu'on trouva admirable pour les beaux sentiments et pour la versification. Quelque beauté qu'eussent ces pièces, qu'est-ce que c'était en comparaison des tragédies de Corneille (1) ?

Lorsque le *Cid* parut en 1637, ce fut une joie, une admiration, une émotion si grande dans toute la France, qu'on n'y parlait d'autre chose ; chacun en apprenait les plus beaux endroits, on ne se lassait point de voir cette pièce, et pour louer une chose rare on disait en proverbe : Cela est beau comme le Cid. *Horace, Cinna, Rodogune, Polieucte, Pompée, Nicomède, Othon, OEdipe, Héraclius,* qui sont encore du même auteur, parurent autant de chefs-d'œuvre. Il n'y a personne qui ne mît ce poëte au-dessus de tous les tragiques, s'il était un peu plus égal ; il est si admirable en quelques-unes de ses pièces, qu'on ne peut souffrir qu'il soit médiocre en quelques autres. Corneille, sous Louis XIII, n'eut point de concurrents ; sous Louis XIV il en eut un qui fit de si belles tragédies, qu'on doute encore à qui des deux on doit donner la préférence.

Racine parut après Corneille, mais il ne le copia point ; il courut après lui dans la même carrière sans marcher sur ses pas. Tous les deux sont originaux, mais chacun à leur façon : tous deux heu-

(1) Pierre Corneille, né à Rouen en juin 1606.

reux à inventer, habiles à bien peindre, exacts à conserver les bienséances : on aime mieux Racine, parce qu'il est plus tendre, et on admire plus Corneille, parce qu'il s'élève davantage. Ils ont porté la tragédie à ce degré de perfection où les Grecs la firent monter, et où jamais ne purent atteindre les plus grands génies des Romains. C'est à ces deux hommes que la France est redevable d'égaler en cela l'ingénieuse Athènes et de triompher de la superbe Rome.

. Molière, dans son genre, est encore plus original ; personne n'a eu plus de talent pour jouer tout le genre humain, pour trouver le ridicule des choses les plus sérieuses, et pour l'exposer de manière qu'on ait honte d'y tomber : au sentiment de bien des gens, il y a plus de sel attique dans les comédies de ce poëte, que dans celles d'aucun ancien Grec ou Romain. Ses pièces sont semées de railleries délicates, et on y voit partout une judicieuse sobriété à ne dire que ce qu'il faut en chaque caractère, et une adresse merveilleuse à saisir la naïveté de la nature même ; ses portraits sont si beaux, qu'ils frappent les yeux les moins clairvoyants. Les étrangers avouent que jamais la Grèce ni Rome n'ont rien produit de plus parfait que le sont la plupart des pièces de Corneille, de Racine et de Molière.

Tandis qu'on y courait, parut un nouveau spectacle qui n'attira pas moins la foule, je veux parler de l'*opéra*, ou tragédie en musique. Il est de l'invention des Italiens ; mais c'est en France qu'on l'a

perfectionné. Tout est superbe dans ce spectacle,
machines, habits, décorations ; la scène surprend,
les airs enchantent, tout ensemble paraît merveilleux. Il ne laisse pas d'y avoir des gens que ces
merveilles ennuient fort ; les yeux ont beau être
charmés, si l'esprit n'est point satisfait, il faut de
nécessité que les sens viennent à languir. Ces gens
ne peuvent soutenir l'ennui du récitatif, qui n'a
ni l'agrément du chant, ni la force de la parole ;
et ils ne regardent l'opéra que comme un travail
bizarre, où le poëte et le musicien, également
gênés, se donnent bien de la peine pour faire un
mauvais ouvrage. Mais le plus grand nombre est
charmé par l'opéra, et les connaisseurs y admirent
moins la pièce et le spectacle que la musique qui
les ravit.

Nos peintres ont acquis plus de réputation que
nos musiciens. J'entends nos peintres modernes ;
car les anciens ne faisaient en ce genre rien de
supportable : leurs figures n'étaient ni dessinées
ni drapées comme il le fallait ; pas une n'était à sa
place. De leur bouche sortaient des rouleaux où
les demandes et les réponses que ces figures se
faisaient, étaient écrites en grosses lettres ; ridicule
manière d'exprimer dans un tableau les passions
des personnages. La peinture, cet art si vanté
parmi les Grecs et les Romains, était demeurée
ensevelie sous les ruines de l'empire, jusqu'en 1260,
qu'on commença en Italie à dessiner correctement
et à donner aux figures plus de vie et de vérité
qu'on n'avait fait depuis mille ans. Cette peinture

renaissante fut cependant très-longtemps informe,
et ce n'est que deux siècles après que Michel-Ange,
Raphaël, le Corrége et le Titien l'on portée à la
perfection : c'est avec raison que l'Italie se glorifie
d'avoir produit de si grands maitres ; il n'y a point
eu jusqu'à présent de plus savant dessinateur que
Michel-Ange Buonarotti ; personne n'a si bien
peint que le Corrége ; le coloris du Titien est d'une
beauté qui enchante; tout est charmant dans
Raphaël, tout y est naturel et du plus beau naturel.

La belle peinture n'est pas fort ancienne en
France : je n'entends pas parler de la peinture sur
verre que les Français ont inventée. Elle a été longtemps en vogue; depuis cent ans elle n'y est plus,
et il est regrettable qu'on l'ait négligée jusqu'à en
perdre le secret : il y a dans certaines églises des
vitres d'un goût excellent pour le dessin et les
couleurs. Je parle ici de la peinture à l'huile, à
fresque, en détrempe, sur bois, sur toile, sur
enduit.

Blanchard et Vouet sont les premiers qui se
soient distingués parmi les peintres français, Blanchard pour le coloris, Vouet pour le dessin : le
premier avait saisi cette harmonie de couleurs,
cette conduite de lumière et cette fraîcheur de
teintes qu'on admire dans le Titien ; Vouet, quoique moins habile, eut cependant beaucoup plus
de vogue. Jamais peintre n'eut autant d'élèves; on
en compte jusqu'à vingt qui ont eu de la réputation : trois de ces élèves, le Sueur, le Brun et Mi-

gnard ont sous ce rapport dépassé leur maître.

Les ouvrages de le Sueur approchent de la perfection : ils ont de la vie, de la grâce, de la dignité ; rien n'est mieux entendu que la disposition de toutes ses figures. Le Sueur n'avait pour guide que son génie ; il a marché de lui-même sur les traces des plus grands hommes, et il s'est formé dans la manière de Raphaël sans en avoir vu les ouvrages.

Le Brun traitait avec le même talent le tendre et le terrible, le furieux et l'enjoué ; la fortune lui fut favorable dès qu'il commença à paraître, et depuis elle ne l'abandonna point : il est mort dans une haute estime, comblé de gloire et de biens. La galerie et le grand escalier de Versailles, les victoires d'Alexandre, la famille de Darius, les peintures de Vaux-le-Vicomte sont d'excellents morceaux qui lui ont fait grand honneur.

Pierre Mignard était un grand peintre, ses ouvrages sont fort estimés ; les plus considérables sont le dôme du Val-de-Grâce, le salon de la galerie de Saint-Cloud : s'il s'y trouve quelque défaut, ce n'est rien en comparaison des beautés qui y brillent partout. Quelque réputation que ces trois hommes aient acquise, elle n'a pu atteindre à celle du Poussin.

A force d'étudier toutes les beautés de l'antique, le grand goût, la correction, l'élégance, les proportions, les expressions, les draperies, les airs de tête, les attitudes, et généralement tout ce qu'on admire le plus dans les statues anciennes, le

Poussin devint si habile, que les Italiens, quoique d'ailleurs ils estiment peu les ouvrages des étrangers, ont été de son vivant et même après sa mort jusqu'à le comparer à Raphaël. Tous deux ont exprimé parfaitement, Raphaël avec plus de grâce, le Poussin avec plus de force; il y a plus d'étude dans celui-ci, et plus de naturel dans l'autre. Leurs tableaux sont admirables pour l'invention, pour l'ordonnance, pour la variété des sujets également nobles et nouveaux; les personnages y sont vivants; on y découvre leur naturel et le degré de leurs passions selon leur âge, leur condition et leur pays. Les ouvrages de Raphaël ne sont pas tous entièrement de lui, il faisait les dessins, et ses élèves peignaient. Le Poussin n'a point eu d'élèves, il n'y a pas un de ses ouvrages qui ne soit tout à fait de lui; quoique la main lui tremblât dans les derniers temps, et qu'à peine pût-il poser son pinceau, il ne laissait pas de travailler et de faire des tableaux d'une beauté inestimable. Son coloris n'est pas très-brillant, non plus que celui de Raphaël, parce que tous les deux ont moins cherché ce qui peut contenter les yeux que ce qui doit étonner l'esprit : l'un et l'autre étaient fort désintéressés, et n'avaient pour vue principale que la perfection de l'art.

Nos architectes ne le cèdent point à nos peintres; les uns et les autres ont soutenu également bien la gloire de la nation. Autant quelques peuples se sont adonnés à l'architecture, autant d'autres l'ont négligée. Les Perses, les Égyptiens, de

l'avis général, ne s'y sont pas distingués. Ces pyramides si vantées, n'avaient rien de remarquable,
à ce qu'il semble que leur prodigieuse grandeur ;
et dans les ruines qu'on voit encore de l'ancienne
Persépolis, il s'en faut bien qu'on y découvre les
beautés qui ont survécu dane les ruines d'Athènes
et de Rome.

On ne saurait bâtir plus mal qu'on a fait en
France depuis le règne de Clovis jusqu'au temps
de François Ier : les maisons étaient faites à peu
près comme des colombiers , les palais comme des
forteresses. Toutefois cette remarque ne saurait
s'adresser à l'architecture religieuse ; et dans le
nombre infini d'églises qui existaient en France
on n'admirait pas seulement la grandeur , mais la
magnificence de ces édifices et la richesse de leurs
ornements.

Dès que François Ier eut promis de récompenser
les Français qui travailleraient à se perfectionner
dans les arts, il s'éleva tout à coup des gens qui
se distinguèrent en toutes sortes de profections.
Les maçons devinrent architectes ; et à force d'étudier les beautés et les secrets de l'art, ils s'y rendirent très-habiles : entre plusieurs dessins qu'on
donna à François Ier pour bâtir le Louvre, deux
parurent excellents ; l'un était d'un Italien nommé
Sébastien Serlio, et l'autre d'un Parisien , l'abbé
de Clagni. Serlio faisait le métier depuis plus de quarante ans ; il n'y en avait pas dix que Clagni s'y ap-
pliquait ; son dessin néanmoins fut trouvé si noble
et si beau, que ce fut celui qu'on suivit, de l'avis

même de Serlio. Ponce et Goujon, autres Français, exécutèrent ce dessin ; ce qu'ils ont fait au Louvre est regardé comme un modèle de la plus belle architecture.

L'Escurial a été bâti par Louis de Foix, Parisien : ce ne fut pas sans peine que Philippe II, roi d'Espagne, se servit pour cela d'un Français ; la jalousie des architectes espagnols, italiens, flamands, fit longtemps balancer ce prince, et ce fut presque malgré lui qu'il rendit justice au mérite. Le dessin de Louis de Foix charma tellement les connaisseurs, que Philippe ne put s'empêcher de se décider pour lui. Catherine de Médicis, qui avait le goût très-sûr, se servit pour ses bâtiments des célèbres artistes Philbert, Delorme et Bullant, parce qu'après avoir bien cherché elle n'en avait pas trouvé d'aussi habiles en Italie ; Delorme a surpassé les anciens dans la coupe des pierres et dans l'art de faire des voûtes. Le Luxembourg, a Paris, un des plus parfaits édifices et des mieux entendus de l'Europe, est d'un Français, nommé la Brosse ; le portail de Saint-Gervais, l'une des paroisses de Paris, est encore du même architecte. Le chevalier Bernin, qui passe parmi les Italiens pour le plus grand maître qu'ils aient eu depuis Michel-Ange, disait qu'il n'avait rien vu de plus parfait que ce portail.

Sous Louis XIII et sous Louis XIV, le Veau, Perrault, Duval, Mansard ont immortalisé leur nom ; le premier, par le nouveau Louvre ; l'autre, par la façade de ce magnifique édifice, le troi-

sième, par le Val-de-Gràce (1); et le dernier, par
un grand nombres d'églises, de palais et d'hôtels,
dont on admire l'élégance : il y a dans tous ces
ouvrages un bon goût, une convenance qu'on ne
voit point ailleurs. Si l'on n'ose pas dire que les
Français soient parvenus à la perfection de l'art,
du moins est-il bien certain qu'ils en approchent
de fort près.

Mais c'est assez parler des coutumes du temps
passé; ces mœurs sont aujourd'hui si éloignées
des nôtres, qu'elles n'ont plus pour nous que le
charme des souvenirs. Je m'arrête, de peur de fa-
tiguer le lecteur par de trop longs détails, et laissant à l'histoire générale le soin de suppléer à ce
qui manque dans ce rapide exposé.

(1) Église bâtie à Paris, faubourg Saint-Jacques, par la reine Anne
d'Autriche, mère de Louis XIV.

FIN.

TABLE ALPHABÉTIQUE

DES MATIÈRES

A

9

tournoi étaient examinées par les juges du combat quelques jours avaut qu'il commençât, 110.

Arrêts. L'expédition n'en coûtait rien. Ce n'est que depuis Charles VIII qu'on l'a fait payer aux parties, 160.

Arrêt du parlement qui ordonne un duel, 76.

Arrière-Fiefs. Leur origine, 90 *et suiv.*

Ariens (les), peuple, 46.

Artois. Une comtesse d'Artois assiste comme pair au sacre de Philippe V, et une autre à celui de Charles V, 138.

Assemblées générales de la nation des Germains, 23 ; — affaires qu'on y traitait et réglait; quand et comment elles se tenaient, 24. Juges qu'on y élisait, *ibid.*

Assemblées des sauvages de l'Amérique et de l'Afrique ; affaires qui s'y traitaient; celui qui les décidait, 10. — Matières dont le peuple était le juge, *ibid.*

Assemblées générales de la nation des Français ; quand et où elles se tenaient, 56 ; — pourquoi on les appelait assemblées du champ de mars ou de mai, 57 ; — les ducs et comtes, les reines même y étaient jugés, 58. — C'était là qu'on réglait tout ce qui concernait l'état de la nation, 59 ; — qu'on nommait un tuteur aux enfants du roi, qu'on faisait le partage de la succession, qu'on fixait le jour et le lieu pour proclamer le nouveau roi, *ibid. et suiv.* — Ces assemblées se tenaient deux fois tous les ans sous les rois de la seconde race, 83.

Assises, où elles se tenaient anciennement, 65.

Astrologie judiciaire, en vogue sous Louis le Débonnaire, 175.
— Combien cette science est vaine, *ibid.*

Astronomie, à la mode sous Charlemagne, 175.

Augustin (saint) est le premier qui ait porté les fidèles à payer la dîme, 142.

Avions (les), nation suève, 43.

Aumusses, se portaient autrefois sur la tête, 166.

Avoué, ou vidame, seigneur puissant du voisinage que les églises choisissaient pour défendre leur bien, 98.

Aurinia, voyez *Vellé.*

B

C

D

È

F

G

H

I

J

L

N

O

P

sel, 151, — et qui a fixé le nombre des juges du parlement, 158.

Philippe de France, cinquième fils de Louis le Gros et chanoine de Paris, cède généreusement l'évêché de cette ville à Pierre, surnommé Lombard, dont il avait été disciple, 121.

Philosophie. Quand on s'y est appliqué en France, 175.

Pibrac, poëte français, 181.

Pierre de France, sire de Courtenai, sixième fils du roi Louis le Gros, ne dispute point la régence pendant la minorité de Philippe-Auguste, son neveu, à la reine mère de Philippe, 133.

Pierre Lombard, évêque de Paris, est regardé communément comme le père de la scolastique, 121; — fait scrupule à Louis VII de laisser croître ses cheveux, 166.

Pyramides d'Égypte, ne sont considérables que par leur grandeur, 189.

Pisan, apprend le latin à Charlemagne, 119.

Pisans, où ils trouvèrent le droit civil, et à qui ils le donnèrent à revoir, 122.

Placentin est le premier qui ait enseigné le droit civil en France, 123.

Plaisantins, bouffons, 12, — étaient appelés aux cours plénières, 63.

Poésie, en quel temps est née la poésie française, 178; — était à la mode sous Philippe III, quand elle a commencé à être exacte et à se perfectionner, 179 *et suiv.*

Poëte. Il y en a eu en France dès le commencement de la monarchie, 178.

Polygamie, tolérée dans les premiers temps, 78.

Ponce, architecte fort estimé, 190.

Poulaines, souliers bizarres, cependant longtemps à la mode, 165.

Poussin (Le), le plus estimé des peintres français, 187; — parallèle entre lui et Raphaël, 188.

Pragmatique sanction (la), faite à Bourges par Charles VII, 124.

Prélats. Noms des prélats de France qui avaient droit de battre monnaie, 149.

Présents. En quoi consistaient ceux qu'on faisait aux rois dans

Q

R

S

T

U

Ulysse, son prétendu voyage en Germanie, 17.

Usages; rapport de ceux qui nous sont communs avec ceux des Gaulois et des Germains, 2.

Usipiens, peuple de la Germanie, 38.

Usure (l'), inconnue chez les Germains, 34.

V

Vair, menu-vair, peau précieuse dont on bordait les habits et les chaperons, 166.

Val (Du), l'ouvrage le plus estimé de cet architecte, 190.

Val-de-Grâce, superbe église bâtie dans un des faubourgs de Paris, 191.

Valet, ce nom anciennement n'avait rien de déshonorable, 96. — Fils de France et fils d'empereurs appelés valets, 97.

Valeur, si elle est seule nécessaire pour être sûr de vaincre, 3. — Objection à cet égard faite aux Français, *ibid*; — caractère distinctif de leur valeur, 4; — d'où vient le motif principal qui excite la valeur des Germains, 3.

Valmire, duc de Champagne, demande, pour récompense de ses services, l'évêché de Troyes, 57.

Vandales, dit faussement peuple de Germanie, 16.

Vangions (les), peuple de la Gaule; ceux de Trèves, 35.

Varin, fameux graveur, n'est point l'inventeur du moulin dont on se sert pour monnayer, 148.

Varins (les) nation suève, 43.

Varnier, docteur allemand, revoit le droit civil, 123.

Vassal, ce qu'il devait au seigneur, et ce que le seigneur lui devait, 91; — les grands vassaux de la couronne étaient tous indifféremment appelés pairs, princes et barons, 135.

Veau (Le), architecte. Le nouveau Louvre est de lui, 190.

TOURS.— IMP. MAME.